U0858128

作风建设永远在路上

王启超　张荣臣◎编著

中国出版集团　中国民主法制出版社
全国百佳图书出版单位

图书在版编目（CIP）数据

冲锋号：作风建设永远在路上 / 王启超，张荣臣编著. — 北京：中国民主法制出版社，2024.3

ISBN 978-7-5162-3137-1

Ⅰ. ①冲… Ⅱ. ①王… ②张… Ⅲ. ①中国共产党—党的建设—学习参考资料 Ⅳ. ①D26

中国国家版本馆CIP数据核字（2024）第035282号

图书出品人：刘海涛
出版统筹：石　松
责任编辑：张佳彬　刘险涛
文字编辑：高文鹏

书　　名/ 冲锋号：作风建设永远在路上
作　　者/ 王启超　张荣臣　编著

出版·发行/中国民主法制出版社
地址/北京市丰台区右安门外玉林里7号（100069）
电话/（010）63055259（总编室）　63058068　63057714（营销中心）
传真/（010）63055259
http：//www.npcpub.com
E-mail：mzfz@npcpub.com
经销/新华书店
开本/16开　690mm×980mm
印张/16　　**字数**/180千字
版本/2024年3月第1版　　2025年4月第3次印刷
印刷/北京中科印刷有限公司

书号/ISBN 978-7-5162-3137-1
定价/48.00元

前言

2024年新年伊始，习近平总书记在二十届中央纪委三次全会上发表重要讲话强调，要在全党深入开展党性党风党纪教育，传承党的光荣传统和优良作风，激发共产党员崇高理想追求，把以权谋私、贪污腐败看成是极大的耻辱。要注重家庭家教家风，督促领导干部从严管好亲属子女。积极宣传廉洁理念、廉洁典型，营造崇廉拒腐的良好风尚。

党的作风体现了党的形象，党中央提出在全党深入开展党性党风党纪教育，聚焦作风建设，目的就是以作风建设为突破口，带动党的建设的方方面面。这是因为，党的作风是党的性质、宗旨和世界观在党的活动中的表现。加强党的作风建设，就是要端正党员领导干部和党的各级组织的思想作风、工作作风、领导作风，整改党员领导干部的生活作风和学风、文风、会风，树立与党的性质、宗旨相适应的良好风尚。中国共产党百年奋斗历程告诉我们，党的作风直接关系党的形象，关系人心向背，关系党的生死存亡。执政党如果不注重作风建设，听任不正之风侵蚀党的肌体，就有失去民心、丧失政权的危险。我们党作为一个在中国长期执政的马克思主义政党，对作风问题任何时候都不能掉以轻心。中国共产党之所以成功，密码很多，好的作风就是这些成功密码中的一个。

党的十八大以来，以习近平同志为核心的党中央围绕“打铁必须自身硬”这一党的庄严承诺，以作风建设为突破口，以党的群众路线教育实践活动为抓手，紧紧围绕全面从严治党这条主线，科学回答了“怎样管好党、治好党”这一重大课题，坚持党要管党、全面从严治党，深入推进新时代党的建设新的伟大工程。2018年12月18日，习近平总书记在庆祝改革开放40周年大会上的讲话中指出：“办好中国的事情，关键在党，关键在坚持党要管党、全面从严治党。我们党只有在领导改革开放和社会主义现代化建设伟大社会革命的同时，坚定不移推进党的伟大自我革命，敢于清除一切侵蚀党的健康肌体的病毒，使党不断自我净化、自我完善、自我革新、自我提高，不断增强党的政治领导力、思想引领力、群众组织力、社会号召力，才能确保党始终保持同人民群众的血肉联系。”[①]

党的十八大以来，在党中央下大力气改进作风、纠正“四风”的形势下，作风建设得到了加强。但作风建设不会一劳永逸，也不可能一蹴而就，而是一项永远在路上的重要任务。《中共中央关于在全党深入开展学习贯彻习近平新时代中国特色社会主义思想主题教育的意见》指出，主题教育坚持目标导向和问题导向相统一，着力解决6个方面的突出问题。其中在工作作风方面，主要是宗旨意识淡薄和对群众感情淡漠，脱离群众、脱离实际，调查研究不经常、不深入，对迅速变化的客观实际和群众冷暖了解不深、感知不真，落实党中央决策部署简单化、“一刀切”，照抄照搬、上下一般粗，报喜不报忧，弄

---

① 《十九大以来重要文献选编》(上)，中央文献出版社2019年版，第735页。

虚作假、搞花架子，搞形式主义、官僚主义，存在特权思想和特权行为。新时代新征程上，我们必须持之以恒加强作风建设，坚持以严的基调强化正风肃纪，坚持和发扬党的优良传统和作风，坚持抓常、抓细、抓长，促进党员干部特别是领导干部带头深入调查研究，扑下身子干实事、谋实招、求实效。锲而不舍落实中央八项规定精神，抓住“关键少数”以上率下，持续深化纠治“四风”，重点纠治形式主义、官僚主义，坚决破除特权思想和特权行为。我们要认真学习习近平总书记关于作风建设的重要讲话和重要指示精神，推进作风建设常态化长效化，使党的作风全面好起来，确保党始终与人民同呼吸、共命运、心连心。

目录

第一章

当好良好政治生态和社会风气的引领者、营造者、维护者

2023 年 4 月 3 日，习近平总书记在学习贯彻习近平新时代中国特色社会主义思想主题教育工作会议上的讲话中要求广大党员领导干部廉洁奉公树立新风。历史上，我们党在长期实践中培育并坚持了一整套光荣传统和优良作风。这些光荣传统和优良作风是我们党性质和宗旨的集中体现，是我们党区别于其他政党的标志。党要得到人民群众支持和拥护，就必须持之以恒发扬党的光荣传统和优良作风。我们要认真学习习近平总书记重要讲话精神，增强纪律意识、规矩意识，持续纠治“四风”，把纠治形式主义、官僚主义摆在更加突出的位置，做到公正用权、依法用权、为民用权、廉洁用权，推动形成清清爽爽的同志关系、规规矩矩的上下级关系、亲清统一的新型政商关系，当好良好政治生态和社会风气的引领者、营造者、维护者。

第一节　中国共产党作风建设的优良传统

“什么是优良作风？优良作风就是我们党历来坚持的理论联系实际、密切联系群众、批评和自我批评以及艰苦奋斗、求真务实等作风。在革命、建设、改革长期实践中，我们党始终要求全党同志坚持光荣传统、发扬优良作风，为党和人民事业不断从胜利走向胜利提供了重要保障。”[①]

一、党风是党的性质、宗旨和世界观在党的活动中的表现

2013年6月18日，习近平总书记在党的群众路线教育实践活动工作会议上的讲话概括了党的优良作风的内容和重要性。我们经常讲的作风，是指党在自己的活动中表现出来的态度和行为，是党的性质、宗旨和世界观在党的活动中的表现。党的作风建设就是要端正党员领导干部和党的各级组织的思想作风、学风、工作作风、领导作风、干部生活作风，树立与党的性质、宗旨相适应的良好风尚。党的作风是党的形象，是党的性质、宗旨、纲领、路线的重要体现，是党的创造力、战斗力和凝聚力的重要内容。党的作风建设是党的建设的重要内容。

“党风”这个概念的形成经历了长期发展过程。最早在党的建设中使用“作风”一词的是恩格斯。他曾在一些讨论党的建设的书信中针对某些社会主义者身上存在的“阿谀奉承”的作风、“华而不实”的风气进行了批评。十月革命后，列宁也多次使用“作风”一词，批评严重脱离群众的官僚主义作风。在我们党的历史上，最早提出“党风”科学概念的是毛泽东，并且形成了一套党风建设的理论。1941年9月10日，毛泽东在《反对主观主义和宗派主义》中首次使用了“党风”概念，他说：“现在，延安的学风存在主观主义，党风存在宗派主义。”[②]1942年2月1日，他在《整顿党的作风》一文中阐明了党风

① 《十八大以来重要文献选编》（上），中央文献出版社2014年版，第308页。
② 《毛泽东文集》第2卷，人民出版社1993年版，第373页。

的含义，指出，“反对主观主义以整顿学风，反对宗派主义以整顿党风，反对党八股以整顿文风”，“学风和文风也都是党的作风，都是党风”。[①] 也就是说，党的作风包括党在思想、政治、组织、工作、生活等各个方面的表现，是党的世界观和党性的外在表现。这样就从两个方面发展了经典作家的思想，把作风由党员个人的形象扩展为党组织的整体形象，把作风由一般的工作作风推及政治、思想、组织、生活等各个方面。

二、“三大作风”是中国共产党在中国人民中产生的新的工作作风

在 1945 年召开的党的七大上，毛泽东对我们党的作风和作风建设作了高度概括，这就是：“以马克思列宁主义的理论思想武装起来的中国共产党，在中国人民中产生了新的工作作风，这主要的就是理论和实践相结合的作风，和人民群众紧密地联系在一起的作风以及自我批评的作风。”[②]

理论和实践相结合是共产党区别于其他任何政党的显著标志之一。毛泽东强调指出，马克思列宁主义与中国革命具体实践相结合的过程，也就是同教条主义和经验主义斗争的过程。教条主义脱离具体实践，经验主义则把局部经验误认为普遍真理。二者都是以理论和实践相割裂、认识和实践相脱离为其特征的，这两种机会主义思想都是违背马克思列宁主义的错误思想，都曾给中国革命造成过严重的危

① 《毛泽东选集》第 3 卷，人民出版社 1991 年版，第 812 页。
② 《毛泽东选集》第 3 卷，人民出版社 1991 年版，第 1093 —1094 页。

害。因此，要加强党内的思想教育，坚决反对教条主义和经验主义，发扬理论联系实际的作风。和人民群众密切联系在一起是共产党区别于其他任何政党的又一个标志。毛泽东认为要做到密切联系群众，一是要明确密切联系群众的出发点，这就是全心全意地为人民服务，一刻也不脱离群众；一切从人民的利益出发，而不是从个人或小集团的利益出发；向人民负责和向党的领导机关负责的一致性。二是必须坚决克服和纠正命令主义、尾巴主义、宗派主义、官僚主义、骄傲自满的工作作风和工作态度，尤其是要反对命令主义和尾巴主义。自我批评的作风是中国共产党的优良作风，因为共产党人是没有任何私利，为了最广大人民的利益，必须也能够进行自我批评。

中国共产党的优良传统和作风，是一代又一代中国共产党人在思想、政治、组织、工作、生活等各方面一贯表现出来的科学态度和模范行为，是中国共产党党性的外在体现。贯穿百年来中国共产党作风建设的一条主线就是实事求是。毛泽东说："'实事'就是客观存在着的一切事物，'是'就是客观事物的内部联系，即规律性，'求'就是我们去研究。我们要从国内外、省内外、县内外、区内外的实际情况出发，从其中引出其固有的而不是臆造的规律性，即找出周围事变的内部联系，作为我们行动的向导。""这种态度，就是党性的表现，就是理论和实际统一的马克思列宁主义的作风。这是一个共产党员起码应该具备的态度。"[①]

① 《毛泽东选集》第3卷，人民出版社1991年版，第801页。

第二节　从“两个务必”到“三个务必”

1949 年 3 月，在具有伟大历史意义的党的七届二中全会上，毛泽东要求全党在胜利面前保持清醒头脑，在夺取全国政权后要经受住执政的考验，提出“务必使同志们继续地保持谦虚、谨慎、不骄、不躁的作风，务必使同志们继续地保持艰苦奋斗的作风”①。70 多年后，习近平总书记在党的二十大报告中提出，“全党同志务必不忘初心、牢记使命，务必谦虚谨慎、艰苦奋斗，务必敢于斗争、善于斗争”②。从“两个务必”到“三个务必”，是基于世情国情党情发展变化进行深刻分析作出的重大论断，彰显了百年大党对新时代执政赶考的清醒和坚定。

一、“两个务必”是中国共产党在无产阶级政党性质的规定下，经过长时间的作风建设实践形成的优良作风

毛泽东指出，“我们不但善于破坏一个旧世界，我们还将善于建设一个新世界”③，中国共产党在革命环境中凭借谦虚、谨慎、不骄、不躁的作风和艰苦奋斗的作风一路走来，赢得了一个又一个胜利，也必须在执政的环境中保持革命热情和奋斗精神，开拓未来。

谦虚、谨慎、不骄、不躁的优良作风是中国共产党在长期革命实践中形成的。大革命时期，中国共产党对自己的革命力量过分低估。

---

① 《毛泽东选集》第 4 卷，人民出版社 1991 年版，第 1438 —1439 页。

② 习近平：《高举中国特色社会主义伟大旗帜　为全面建设社会主义现代化国家而团结奋斗——在中国共产党第二十次全国代表大会上的报告》，人民出版社 2022 年版，第 1 页。

③ 《毛泽东选集》第 4 卷，人民出版社 1991 年版，第 1439 页。

大革命的失败导致中国共产党领导的革命运动遭受重创。此后，虽然注重对右倾错误的预防，但忽视了防止“左”倾错误的发生。1929 年到 1930 年初，中国共产党领导的革命斗争在全国范围内出现了逐渐复苏的形势。伴随着革命局势的好转，当时，共产国际对中国革命形势作了错误估计，国内爆发了国民党军阀之间的混战。1930 年 6 月，中央政治局会议通过了《新的革命高潮与一省或几省首先胜利》的决议案，这个决议案由李立三起草，他对革命形势作了过于乐观的估计，“一方而（面），统治阶级继续削弱崩溃，另一方面，群众斗争日益逼近革命高潮，极明显的指示出这一军阀战争的前途，有极大的可能转变成为全国革命的胜利与军阀统治的最后死亡”①。他批评“以乡村包围城市”的革命道路，主张唤起广大群众拼死斗争的决心，因此要求全党和红军“在新的革命高潮日益接近的形势之下，准备一省与几省的首先胜利建立全国革命政权”②。以李立三为代表的“左”倾冒险主义严重脱离当时的革命实际，急于求成，使党和红军力量受到很大损失。

1937 年 7 月，毛泽东在《实践论》一文中对教条主义和经验主义错误进行批判，认为只有亲身参加实践斗争才能形成直接的认识，而“世上最可笑的是那些‘知识里手’，有了道听途说的一知半解，便自封为‘天下第一’，适足见其不自量而已”③。1941 年，中共中央政治局通过了《中央关于增强党性的决定》，指出党内存在缺乏党性的

① 中央档案馆编：《中共中央文件选集》（一九三〇）第 6 册，中共中央党校出版社 1989 年版，第 119 页。

② 中央档案馆编：《中共中央文件选集》（一九三〇）第 6 册，中共中央党校出版社 1989 年版，第 122 页。

③ 《毛泽东选集》第 1 卷，人民出版社 1991 年版，第 287 页。

倾向，党组织的某些个别党部和个别党员干部“自高自大，自命不凡，个人突出，提高自己，喜人奉承，吹牛夸大，风头主义”①，为克服这些缺点，“要提倡大公无私，忠实朴素，埋头苦干，眼睛向下，实事求是，力戒骄傲，力戒肤浅的作风”②。1944 年，毛泽东在延安高级干部会议上和在中央党校所作的讲演《学习和时局》中重点针对党的历史上 1931 年到 1934 年路线上存在的问题进行了系统性总结与准确定性，他指出，“我党历史上曾经有过几次表现了大的骄傲，都是吃了亏的”③，主要包括“陈独秀路线的错误”、“李立三路线的错误”、抗日战争之初的错误和抗日战争统一战线中的错误，因此他要求全党同志放下包袱，“对于这几次骄傲，几次错误，都要引为鉴戒”④。1949 年，毛泽东作《在中国共产党第七届中央委员会第二次全体会议上的报告》，他分析党领导的革命形势，认为我们将很快取得全国的胜利。他也正确预见到“因为胜利，党内的骄傲情绪，以功臣自居的情绪，停顿起来不求进步的情绪，贪图享乐不愿再过艰苦生活的情绪，可能生长”⑤。

急躁冒进、骄傲自满是党领导的革命事业的大敌，也是导致党员干部走向自我毁灭的深渊。谦虚、谨慎、不骄、不躁的作风既是对待中国革命事业的正确态度，也是党员干部增强自身修养的要求。中国共产党在新民主主义革命时期带领中国人民取得了巨大的成功，但这

① 中央档案馆编：《中共中央文件选集》（一九四一——一九四二）第 13 册，中共中央党校出版社 1991 年版，第 146 页。
② 中央档案馆编：《中共中央文件选集》（一九四一——一九四二）第 13 册，中共中央党校出版社 1991 年版，第 147 页。
③ 《毛泽东选集》第 3 卷，人民出版社 1991 年版，第 947 页。
④ 《毛泽东选集》第 3 卷，人民出版社 1991 年版，第 948 页。
⑤ 《毛泽东选集》第 4 卷，人民出版社 1991 年版，第 1438 页。

并不能成为党沾沾自喜的功劳簿，也不能成为党永葆先进的凭证书。

土地革命时期，中国共产党领导的革命力量十分弱小并长期处于环境艰苦的农村地区和边远山区；同时又因党未能取得合法地位而处于国民党的军事包围和军事封锁之下。这造成了中国共产党及其领导的红军革命条件极为艰苦，艰苦的环境考验着每一位红军指战员。

1929 年 1 月，中国工农红军第四军主力转战赣南、闽西地区，并开辟了赣南、闽西革命根据地。在这期间，红军第四军党内出现了个人主义和流寇思想等，党内有些同志总是希望到大城市去享乐而不愿意到生活艰难的红色区域去工作，甚至有些党员为此产生了离队思想，他们“不耐烦和群众在一块作艰苦的斗争，只希望跑到大城市去大吃大喝”[①]。中央苏区时期，为克服严重的经济困难，中国共产党在苏区大力发展经济建设，重视农业生产发展逐步恢复和发展苏区经济，与苏区外界进行商品流通。

1935 年，毛泽东在陕北瓦窑堡党的活动分子会议上所作的《论反对日本帝国主义的策略》报告中回顾了长征的艰难险阻，指出：“中国共产党，它的领导机关，它的干部，它的党员，是不怕任何艰难困苦的。”[②]1936 年，毛泽东为总结第二次国内革命战争经验作《中国革命战争的战略问题》一文，回顾从 1921 年建党到 1936 年的革命战争历史时指出：“中国共产党以自己艰苦奋斗的经历，以几十万英勇党员和几万英勇干部的流血牺牲，在全民族几万万人中间起了伟大的教育作用”[③]，中国共产党在艰苦奋斗中取得的成就使党成为领导中国人

① 《毛泽东选集》第 1 卷，人民出版社 1991 年版，第 94 页。

② 《毛泽东选集》第 1 卷，人民出版社 1991 年版，第 150 页。

③ 《毛泽东选集》第 1 卷，人民出版社 1991 年版，第 184—185 页。

民进行革命斗争的政治领导者，“没有中国共产党在过去十五年间的艰苦斗争，挽救新的亡国危险是不可能的”[①]。

1938年3月，毛泽东在纪念孙中山逝世13周年及追悼抗敌阵亡将士大会上的讲话中指出，在革命实践中发扬艰苦奋斗的精神是实现三民主义、扩大统一战线、赢得抗日战争的必要条件，“发扬艰苦奋斗、不屈不挠、再接再厉的革命精神”[②]是孙中山留给我们的遗产。同年4月，毛泽东在延安抗日军政大学作《在抗大应当学习什么？》的讲话，他说为保证学习抗日的正确政治方向，“要学一个达到及完成这种政治方向的工作作风——艰苦奋斗的工作作风。必得有这种作风才能达到及完成以上的政治方向”[③]。1939年4月26日，中共中央发表《中国共产党中央委员会为开展国民精神总动员运动告全党同志书》，为振奋全体党员及全国民众抗日精神，提出必须厉行精神上的改造以养成“坚定正确的政治方向”与“艰苦奋斗的工作作风”。“在伟大的抗战时代中，如果不养成艰苦奋斗的作风，则奋发蓬勃之朝气必不能养成，而醉生梦死，苟且偷生，自私自利的恶习必不能除掉。”[④]

解放战争初期，党内一小部分党员干部一时沉醉于抗战胜利，对国民党必然要发动内战的反动本质认识不清，他们不愿意继续艰苦奋斗，甚至极少数人产生了贪污腐化的问题。当时，中国共产党十分警惕这种错误倾向，并对这些错误进行了纠正。解放战争时期，党派大批的军队和干部到东北地区，有些干部不满于在艰苦地区建立根据地

① 《毛泽东选集》第1卷，人民出版社1991年版，第185页。
② 《毛泽东文集》第2卷，人民出版社1993年版，第112页。
③ 《毛泽东文集》第2卷，人民出版社1993年版，第116页。
④ 中央档案馆编：《中共中央文件选集》（一九三九—一九四〇）第12册，中共中央党校出版社1991年版，第60页。

的工作，产生厌烦和懈怠的情绪，因此毛泽东提醒“干部中一切不经过自己艰苦奋斗、流血流汗，而依靠意外便利、侥幸取胜的心理，必须扫除干净”①。1949 年 3 月，毛泽东在党的七届二中全会上的报告中指出，中国在经历人民民主革命的胜利之后的路程更长、更艰难，因此要求全党同志务必继续保持艰苦奋斗的作风。

艰苦奋斗是中国共产党人的政治本色，是政治方向正确的基本保证。革命时期，中国共产党凭借艰苦奋斗的作风攻坚克难，在极度困难的革命环境中不卑不亢带领中国人民同反动势力英勇斗争，坚信“星星之火，可以燎原”；在中国社会最黑暗的时刻以艰苦奋斗的作风孕育革命力量，促使其成长发展，“它是站在海岸遥望海中已经看得见桅杆尖头了的一只航船，它是立于高山之巅远看东方已见光芒四射喷薄欲出的一轮朝日，它是躁动于母腹中的快要成熟了的一个婴儿”②。终于，中国新民主主义革命取得基本胜利，中国迎来了人民当家作主的时代。而之后的道路更长、更艰难，中国共产党领导中国人民继续艰苦奋斗，赢得了更大的胜利。

二、从“两个务必”升华到“三个务必”，是对党的创新理论和光荣传统的传承和发展

2022 年 10 月 16 日，在党的二十大开幕会上，习近平总书记首次提出了“三个务必”的重要论断，即“全党同志务必不忘初心、牢记使命，务必谦虚谨慎、艰苦奋斗，务必敢于斗争、善于斗争”。从

① 《毛泽东选集》第 4 卷，人民出版社 1991 年版，第 1181 页。
② 《毛泽东选集》第 1 卷，人民出版社 1991 年版，第 106 页。

“两个务必”到“三个务必”，是对党的创新理论和光荣传统的传承和发展。不变的是一脉相承的自觉和清醒，我们党完成了更新、更高标准的时代使命。

任何思想都是时代的产物。“三个务必”既是历史的回响，也是对未来的启迪。要树立正确的党史观和大历史观，从历史长河中去深刻把握“三个务必”的丰富内涵。

第一，几千年治乱兴衰历史规律的深刻借鉴。如何跳出历史周期率、实现长期执政，是我们党持续探索的重大课题，也是习近平总书记高度重视、反复强调的重大问题。当年，毛泽东在延安的窑洞里给出了第一个答案——只有让人民来监督政府，政府才不敢松懈。彼时，在中国革命即将取得全国胜利之际，我们党从西柏坡出发“进京赶考”，开启了建设新中国的历史征程。如今，我们党已走过百年历程，迈上全面建设社会主义现代化国家新征程。经过不懈努力，党找到了自我革命这一跳出治乱兴衰历史周期率的第二个答案。这“两个答案”从人民和党自身的双重角度形成一个权力监督制约的完整闭环，为我们党成功跳出历史周期率提供了最有力的支撑。“三个务必”充分体现了“两个答案”的目标要求。

第二，党的光荣传统和优良作风的传承升华。从“两个务必”到“三个务必”，是党跨越 70 多年时空的对话，体现的是中国共产党遵循的宗旨、优良的作风以及一脉相承的自觉和清醒。一方面，“务必使同志们继续地保持谦虚、谨慎、不骄、不躁的作风，务必使同志们继续地保持艰苦奋斗的作风”，是对我们党的政治本色和优良传统的传承；另一方面，“务必不忘初心、牢记使命，务必谦虚谨慎、艰苦奋斗，务必敢于斗争、善于斗争”则立足新的历史方位和新的使命任务，集中体现了新时代新征程上更新、更高标准的政治要求。

第三，新时代十年伟大变革的智慧结晶。当今，中国进入了新发展阶段，新时代赋予了意蕴更加丰富的历史智慧。“三个务必”是从党的百年奋斗历程中总结概括出来的宝贵经验，揭示了百年大党风华正茂的内在秘诀，同样诠释了我们党在过去十年间创造新时代中国特色社会主义伟大成就的奋斗密码。党的十八大以来，在面临形势环境的复杂性和严峻性、肩负任务的繁重性和艰巨性的情况下，党和国家事业之所以取得历史性成就、发生历史性变革，是因为其成功密码蕴藏在“三个务必”的时代智慧中。

“三个务必”言简意赅、字字珠玑，既强调“过河”的任务，又指导解决“桥”与“船”的问题，体现了认识论与方法论的高度统一，集中展现了马克思主义立场观点方法，凝结着习近平新时代中国特色社会主义思想的理论精华，标志着我们党对共产党执政规律、社会主义建设规律、人类社会发展规律的认识实现了新发展。

首先，“三个务必”的理论根基统一。马克思主义是“三个务必”形成的理论基础。“务必不忘初心、牢记使命”，是马克思主义唯物史观的根本要求，是人民性这个马克思主义本质属性的深刻体现，反映出历史唯物主义对共产党执政规律、社会主义建设规律、人类社会发展规律的洞察，是对中国发展与政党建设历史经验的深刻总结，指向要永远将人民置于心中的最高位置。“务必谦虚谨慎、艰苦奋斗”，是马克思主义政党观的内在要求，体现着中国共产党作为马克思主义政党永葆先进性、纯洁性的时代要求，是坚持自我革命、提高执政能力的永恒课题。“务必敢于斗争、善于斗争”，体现了社会存在决定社会意识、社会意识反作用于社会存在的原理，是马克思主义政党历史主动精神的生动展现。

其次，“三个务必”的整体辩证统一。“三个务必”是相辅相成、联系贯通的有机整体。“务必不忘初心、牢记使命”是目标，体现了党的宗旨，决定“为了什么”，是“务必谦虚谨慎、艰苦奋斗”“务必敢于斗争、善于斗争”的目标归宿。“务必谦虚谨慎、艰苦奋斗”是保障，体现了党勇于自我革命的精神，决定“为什么能”，是“务必不忘初心、牢记使命”“务必敢于斗争、善于斗争”的必要条件。“务必敢于斗争、善于斗争”是方法路径，决定“怎么干”，是“务必不忘初心、牢记使命”“务必谦虚谨慎、艰苦奋斗”的实践行动。

最后，“三个务必”的内部自成体系。初心是使命的价值本源，使命是初心的实践归宿，初心为使命提供价值指引，使命为初心提供实践支撑和实现形态，两者是真理尺度与价值尺度的有机统一。谦虚谨慎主要指向主体自身，艰苦奋斗则主要指向客观对象。谦虚谨慎是艰苦奋斗的思想前提，艰苦奋斗是谦虚谨慎的内在要求，两者是改造主观世界与改造客观世界的有机统一。敢于斗争是鲜明品格，是一种精神状态，善于斗争体现的是能力、本领，是敢于斗争的实践要求，两者是历史规律性与自觉能动性的有机统一。

时代考卷常出常新，赶考永远在路上。在新的历史方位上，唯有做到“三个务必”，才能在新时代伟大实践中夺取新胜利、创造新辉煌，努力交出无愧于时代、无愧于人民的优异答卷。

其一，体现对当今世界百年未有之大变局的深刻洞察。船到中流浪更急，人到半山路更陡。全面建设社会主义现代化国家是一项伟大而艰巨的事业，前途光明、任重道远。当前，世界百年未有之大变局加速演进，世界之变、时代之变、历史之变正以前所未有的方式展开。如果缺乏忧患意识、底线思维，不能做到居安思危、未雨绸缪，就难以战胜各种风险挑战，难以领导人民不断前进。只有做到“三个务必”，才能深刻洞察面临的任务挑战，时刻准备经受风高浪急甚至惊涛骇浪的重大考验，才能“任凭风浪起，稳坐钓鱼台”。

其二，解决大党独有难题的必由之路。全面从严治党永远在路上，党的自我革命永远在路上。党的十八大以来，我们党推进全面从严治党取得显著成效，但党面临的执政考验、改革开放考验、市场经济考验、外部环境考验将长期存在，精神懈怠危险、能力不足危险、脱离群众危险、消极腐败危险将长期存在。只有做到“三个务必”，才能坚定不移推进党的伟大自我革命，实现自我净化、自我完善、自我革新、自我提高，更好地推动伟大社会革命，在新征程中不断攻克一个又一个堡垒、夺取一个又一个胜利。

其三，开辟事业发展新天地的现实保障。百年来，敢于斗争、敢于胜利的风骨、品质已深深融入党的基因血脉，经历了无数次狂风骤雨“我自岿然不动”，这是我们未来牢牢掌握历史主动的强大力量。新的赶考之路上，我们党面临的“考场”越来越大，“考题”越来越难，“答题条件”越来越难以预料。只有做到“三个务必”，才能科学回答中国之问、世界之问、人民之问、时代之问，才能全力战胜前进道路上各种困难和挑战，才能引领和保障中国特色社会主义巍巍巨轮乘风破浪、行稳致远。

第三节　发扬党的优良作风，树立廉洁奉公的新作风

中国共产党在革命斗争和建设实践中积累了丰富的经验，形成了一系列优良作风。党的作风问题无小事，对党的事业影响很大。党的重要会议尤其是全国代表大会，都讲到党的作风建设。党的作风建设，是党的建设的重要组成部分。作为长期执政的马克思主义政党，在新时代新征程上，一定要结合新的实际长期坚持、不断发扬党的优良作风，必须以赶考的坚强意志和决心，用党的良好作风走好新时代的长征路。

一、坚持理论联系实际的作风

理论联系实际，是马克思主义政党对待自己所创造的理论的科学态度。马克思主义作为一种科学理论，其产生和发展的过程是与实际相联系的。马克思主义产生以后，马克思、恩格斯一直都着眼于实际，着眼于历史条件的变化，以实事求是的科学态度对待自己所创立的理论，不断地随着实践的发展而进行修正和完善。早在1872年《共产党宣言》德文版序言中，马克思、恩格斯就指出："不管最近25年来的情况发生了多大的变化，这个《宣言》中所阐述的一般原理整个说来直到现在还是完全正确的。"[①]但对这些原理的实际运用，随时随地都要以当时的历史条件来确定。恩格斯还多次强调，社会主义自从成为科学以来，就要求人们把它当作科学看待。我们的理论是发展

① 《马克思恩格斯选集》第1卷，人民出版社2012年版，第376页。

的理论，而不是必须背得烂熟并机械地加以重复的教条。列宁在 1920 年评论《共产主义》杂志的“左派”幼稚病缺点时指出，“马克思主义的精髓，马克思主义的活的灵魂：对具体情况作具体分析”[①]。列宁把那种做每一件事、说每一句话都要到马克思那里去找根据的人，视为如同盲人依靠马杆走路一样可怜。列宁强调，“现在必须弄清一个不容置辩的真理，这就是马克思主义者必须考虑生动的实际生活，必须考虑现实的确切事实，而不应当抱住昨天的理论不放，因为这种理论和任何理论一样，至多只能指出基本的、一般的东西，只能大体上概括实际生活中的复杂情况”[②]。所以，如果只知道照搬照抄马克思主义的词句，那就会把马克思主义变成一种片面的、畸形的、僵死的东西，就会阉割马克思主义的活的灵魂，那就是只忠于马克思主义学说的字面，而不是忠于马克思主义学说的精神。

坚持理论联系实际，要处理好理论、实际以及二者的结合关系。首先是在“理论”方面，要努力学习马克思主义理论。其次是在“实际”方面，在实践中，实际是已有的现实、具体的现实，不是抽象的概念。当下，处于并将长期处于社会主义初级阶段就是我国当前最大的实际。实际是实践的基础和起点，在尊重现实的同时坚持实践的观点。最后是在“结合”方面，理论与实际相结合，不是抽象的而是具体的，不是静止的而是发展的。要运用掌握的理论，结合现实实际，解决好前进中的问题，这也是理论联系实际的最终目的和要求。

理论联系实际，其精髓就是实事求是。通过研究马克思、恩格斯

---

① 《列宁选集》第 4 卷，人民出版社 2012 年版，第 213 页。
② 《列宁选集》第 3 卷，人民出版社 2012 年版，第 26—27 页。

的原著我们知道，马克思、恩格斯并没有直接用这个词，但是突出强调了实事求是。中国共产党继承并发展了这一观点，赋予其中国化的内涵，使其成为党发展和兴旺的一个重要因素，成为马克思主义中国化理论成果的精髓和灵魂。中国共产党的历史已经证明，坚持实事求是，就能兴党兴国；违背实事求是，就会误党误国。敢不敢实事求是，始终是领导干部党性纯不纯、强不强的一个重要体现。实事求是已经成为我们要始终坚持的根本思想方法。在新时代，我们党要带领人民继续推进伟大事业，为实现中华民族伟大复兴的中国梦而努力，就必须制定正确的适合我国实际的路线方针政策，而实事求是是必须坚持的原则和思想方法，不仅可避免失误和挫折，还能符合民众的意愿。解放思想是实事求是的内在要求，客观存在是在不断发生着变化的，要使我们的思想认识与客观存在相符合，就必须不断地解放思想，从各种不适宜的观念中解放出来，这也就做到了实事求是。

实事求是永无止境，解放思想也永无止境。新时代，我们还会遇到一些不可预测的矛盾和问题，但只要坚持了解放思想和实事求是，我们就不会被任何风险所吓倒，并且会不断开创各项工作新局面。与时俱进是实事求是的必然结果和要求，所以我们还要始终坚持与时俱进，做到不唯上、不唯书、只唯实，在与时俱进中坚持和发展真理。

当前，广大干部发扬理论联系实际的马克思主义学风，运用理论解决实际问题的能力不断提高。但也必须看到，在某些干部甚至是领导干部身上，既有轻视理论的现象，也有不联系实际的问题。有的同志缺乏学习理论的兴趣和热情，陷于具体事务或不必要的应酬，静不下心来读书学习，甚至把学习当作工作的包袱，深陷事务主义泥潭。有的同志思想僵化保守，热衷于教条主义，不顾客观条件，不讲客观规律，对马克思主义的一些观点和结论照搬照抄、生搬硬套，对党的路线方针政策习惯于搞“一刀切”“一窝蜂”，不善于与本地区本部门的具体实际相联系，工作中缺乏创造性。不去用或者不会用科学理论解决面临的实际问题，讲话时照本宣科，空洞无物，官话套话一大堆，就是没有一句能解决实际问题的。

这些问题虽然发生在少数党员干部身上，但害人害己，误党误国，危害极大。因此，坚持理论联系实际的工作作风，对于我们在当今世界剧烈而深刻变动的历史环境和时代条件下，走好新的长征路，具有重要的意义。广大党员干部要自觉地、系统地学习马克思主义理论，力求在掌握马克思主义理论的科学体系上下功夫，学懂弄通马克思主义的基本原理，夯实理论根底。要抓住马克思主义理论的精髓，在掌握马克思主义的精神实质上下功夫，提高理论素养。要把马克思主义理论的某些特定原理和结论放在当时的历史环境下去学习，在掌握马克思主义经典作家认识、分析和解决实际问题的立场观点方法上下功夫，提高运用科学理论解决现实问题的能力。马克思主义是从实践中来，并被实践证明了的科学理论，如果学习理论不注意联系实际，就不可能真正地学懂理论，也不可能真正地用好理论，更不可能发展理论。学习理论需要联系和可以联系的实际问题有很多，每个党员因为自身的工作、阅历、文化、能力以及生活环境的不同，需要联系和可以联系的问题又呈现各自的特色。但从带有共性的方面来看，党员学习理论必须联系的实际主要有：学习马克思主义理论联系历史的实际，总结历史经验。如世界历史特别是国际共产主义运动的历史，中国历史特别是中国的近现代史，通过对历史实际的联系，使我们可以清楚地了解马克思主义理论的产生和发展过程，可以清楚地了解马克思主义理论中某些基本原理和结论产生的历史背景，可以清楚地了解马克思主义经典作家认识世界和改造世界的科学态度和创新精神，可以清楚地了解马克思主义理论对社会主义、共产主义运动的发展和进步所产生的巨大推动作用，从而增强对马克思主义科学信仰的自觉性。

理论联系实际，要联系自己的工作实际，增强理论对实际工作的科学指导作用，提高工作实效。共产党员不论在什么岗位上，要发挥先锋模范作用，通过自己的诚实劳动，创造出对人类、对社会更大的价值，需要有科学理论的指导。比如，有些党员甚至是党的领导干部，为什么在工作中缺乏开拓性，表现平庸、畏首畏尾？为什么在工作中缺乏全局意识，表现出部门利益至上、地方主义第一？等等。其中一个重要的原因，就是没有用科学的理论来指导工作，这不仅使理论对工作的指导大打折扣，而且还助长了轻视理论学习的不良倾向，导致恶性循环。

理论联系实际更要联系自己的思想实际，改造主观世界，净化精神境界，增强理论素养。科学的世界观是共产党员的立党之本，是共产党员树立正确的人生观价值观的基本前提，是共产党员不犯错误、多做贡献的基本保证。因此，要通过学习马克思主义理论，分清自己思想中的正误、是非，自觉地坚持正确思想，克服错误思想，保持一种坚忍不拔、奋发有为的良好精神状态。实践中一些党员和干部犯错误，包括以权谋私、违法乱纪，同不注意学习理论或者学习理论不注意联系自己的思想实际等不无关系。这方面的教训已不少，必须记取。

坚持理论联系实际的方针，说起来容易，但真正做起来并非轻而易举。一方面，因为要真正做到理论联系实际，会受到诸多条件的制约，如个人的文化程度、认识水平、分析判断能力、实际工作经验、思想政治意识等。另一方面，还因为理论联系实际不是一劳永逸的事情，而是共产党员在自己的政治生涯中必须始终坚持的，这就需要坚强的意志品质、顽强的毅力以及百折不挠的精神。虽然我们党一直倡导要坚持理论联系实际，但现实中，理论联系实际还存在许多问题。主要是：缺乏学习理论的兴趣和热情，认为学不学无所谓，强调没有时间学习，成天忙于不必要的应酬；学习不刻苦，浅尝辄止，满足于一知半解，不注重掌握理论的科学体系和精神实质；理论与实际脱节，不用或者不会用理论武器解决面临的实际问题；断章取义、各取所需，甚至把自己的不正确理解说成是马克思主义理论的原意和中央精神；搞形式主义，做表面文章，甚至言行不一；教育别人一套一套的，却从不联系自己的思想和行动。诸如此类的问题，虽然表现在一部分人身上，但害己害人，危害极大。因此，必须向这些人大声疾呼：反对理论脱离实际的工作作风，坚持理论联系实际的马克思主义作风。

二、始终做到密切联系群众

新时代要想继续推进中国特色社会主义伟大事业，就必须密切联系群众，提升群众工作的能力和本领，紧紧依靠群众，保持与群众的血肉联系，让人民群众始终成为党的力量源泉和胜利之本，不断推进中国特色社会主义事业的发展。

提升密切联系群众的作风，首先要密切同群众的感情。人民群众是历史的创造者，密切联系群众需要对群众发自内心的认同。为什么人民群众跟着共产党走？因为他们真正感受到党是真心为他们的利益而奋斗的，是最关心他们冷暖和疾苦的，最关心最直接最现实的利益都是共产党帮助他们实现的，他们相信党、支持党、拥护党。同样，党要获得人民群众的支持和拥护，就必须真心真意为他们服务，对人民群众有真挚的感情，尤其在市场经济飞速发展的情况下，出现了对群众感情淡漠的情况，利益多元化、价值观多元化导致出现割裂党与人民群众密切联系的现象，破坏了党在群众中的形象，这些都损害了党同人民群众的血肉联系，与党的工作作风的要求是不相符的。改进工作作风，就是要巩固和增进与人民群众的情感，与人民群众真正心连心。只有与人民群众的感情加深了，人民群众才会敞开心扉接纳党，发自肺腑地认可党，自觉地团结在党的周围，真心真意地拥护党。

提升密切联系群众的作风，要牢固树立执政为民的理念。执政党的权力是人民赋予的，因此不能滥用手中的权力，只为少数人谋利益。党员领导干部更不能利用权力搞政治上、生活上的特殊化，必须勤勤恳恳做公仆。滥用权力，会失去群众的支持，最终失去执政的资格。执政为民，是党员领导干部掌权用权的本质要求。所以，提升作风修养，尤其是密切联系群众的修养，就必须牢固树立执政为民的意识，把所有工作的出发点和落脚点都放在人民的利益上，做到权为民所用、情为民所系、利为民所谋，积极引导人民群众满怀热情地投身建设中国特色社会主义中，投身实现中国梦的实践中。

提升密切联系群众的作风，必须学习和掌握群众路线，这是我们党的根本工作路线和根本工作方法，体现了马克思历史唯物主义原理。当下，部分党员漠视群众路线，与群众的距离随着交通工具的发展反而远了，做群众工作的水平降低了，这些都违背了党的宗旨和要求。要知道，我们所有的胜利，靠的是群众的力量和智慧。提升群众工作水平，首先是要相信群众，坚持领导和群众相结合。在新时代，推进伟大事业不是一帆风顺的，肯定会遇到这样那样的难题和矛盾。我们要相信，人民群众的力量是无穷尽的，人民群众的智慧也是无穷尽的，在遇到困难的时候，要想到人民群众，把遇到的困难和挑战向人民群众讲清楚，以取得人民群众的信任和支持，虚心向人民群众请教和学习，从人民群众那里获得解决问题的办法，坚决克服“群众落后论”和“自发论”，倾听人民群众的呼声，尊重人民群众的创造，学习人民群众的智慧。当群众的意见正确时，党要积极领导群众根据实际情况加以实现，当群众的意见不正确时要引导好群众，把他们引导到正确的认知方向上。尤其是“对涉及群众切身利益的重大决策”，一定要充分听取群众的意见。同时，还要克服命令主义与尾巴主义，彻底治好“急性病”和“慢性病”。其次是贯彻好群众路线，注意对群众的教育和引导，要让党的先进的理论为群众所接受。相信群众和依靠群众的目的是一致的，把党的事业与人民群众的利益融为一体，使人民群众认识到自己的根本利益与党的利益的一致性，并为之奋斗。

三、用好批评和自我批评的武器

任何人、任何政党都难免有犯错误的时候，犯错误并不可怕，可怕的是不能及时纠正，以及不能做好预防。从中国共产党的历史来看，批评和自我批评的作风就是我们党防范出现错误的武器，是区别于其他政党的显著标志之一，正是依靠了这个武器，我们党才能始终充满生机和活力，一些政治灰尘才能不断被清扫。

批评和自我批评是我们党的宝贵精神财富，是我们党所特有的。一个先进的无产阶级政党，要勇于正视和纠正自己的错误。我们党有错误、有缺点，就不怕别人批评指出。因为我们党是为人民服务的，要对人民高度负责，这个性质和宗旨都要求不管什么人都可以指出我们的错误、缺点，只要说得对，我们党就会坚决改正。不但如此，面对自己的错误和缺点，我们党还能够公开做严肃的而不是敷衍的自我批评，这使得我们党更加纯洁、更加光明磊落。人民群众看到党的真诚，就会更加信任和拥护我们党，从而使我们党更加坚强有力。中国共产党是团结的政党，但这并不代表党内矛盾不存在。马克思主义告诉我们，矛盾是无处不在的，中国共产党党内也不可避免地存在矛盾，中国共产党正是在解决自身矛盾中前进的。党内这些矛盾影响着党的肌体健康，而批评和自我批评就是解决矛盾的最好方法，我们党一直依靠这个方法来解决党内矛盾，清除党内政治灰尘和政治微生物。新时代，党内矛盾也是长期存在的，解决好这些矛盾仍然需要运用这个武器、发扬这个作风。批评和自我批评是维护团结统一的必要方法。历史上，我们党存在过主观主义和宗派主义，影响了党的团结统一。延安整风运用了批评和自我批评的方法，克服了两种主义的影响，使党在思想上政治上组织上达到空前统一和团结，为后来的胜利奠定了基础。要靠批评和自我批评，辨别是非、坚持真理，解决好分歧，统一意见、化解矛盾，在思想上政治上行动上同党中央保持高度一致。批评和自我批评是坚持实事求是的基本要求，决不能歪曲事实真相，恶意攻击。批评和自我批评是规范政治生活的重要手段，要想使党内政治生活这座“熔炉”保持高温，就必须在党的建设实践中真正用活用好，真正发挥这个武器的作用。

在充分认识批评和自我批评的基础上，还要在实践中真正用好这个武器。一是要发挥领导带头作用。通过真诚的批评和自我批评，主动要求“向我开炮”，营造一种良好的氛围，带动整个班子，打消其他党员干部的顾虑。二是要以整风的精神开展好批评和自我批评。要积极、严肃、认认真真地开展好批评和自我批评，自觉克服好人主义与自由主义，决不能把相互批评变成相互吹捧，不能缺乏党性和担当。进行自我批评时要杜绝出现不自觉、不诚恳的情况。三是运用好“团结——批评——团结”的公式。对批评者来说，要从团结的愿望出发，以平等的态度进行批评，要出于公心开展批评，批评前要做好调查，开展积极的思想斗争。也就是说，在批评别人的时候要敢于坚持原则，具有对党高度负责的精神，慎用手中批评的权利，必须有一定的力度，要触及灵魂。对别人的错误，不能讲任何条件，要敢于放到桌面上来，从全局的利益出发给予批评，不能以势压人、简单粗暴，上级和下级可以相互批评，批评者和被批评者在政治上是平等的，从而达到“红红脸、出出汗”的效果，坚决杜绝人身攻击的情况出现。任何批评都很难百分之百正确，被批评者要虚心接受别人的批评，做到闻过而喜，有则改之、无则加勉。要听得进逆耳之言，不能闻过而怒，“老虎的屁股摸不得”。还要主动承担责任，正确总结经验教训，做到“一喜有错误，痛改得光明，一喜得帮助，周围是友情”。作为自我批评者，要有“抱病求医”的态度，更要严肃认真。党员具有先进性，这并不代表没有缺点和错误。党员不一定都能够成为完人或者超人，但要勇于承认自己的缺点和不足，讲真理不讲面子，正确地评价自己。毫不隐瞒地和盘托出自己的缺点和错误，并认真分析产生的原因，找到解决的途径，克服缺点和错误，从世界观、人生观、价值观上改变，才能更快地进步，做一名既敢于严厉地批评别人也敢于无情地批评自己的正直、坦白的党员。四是在批评和自我批评时注意方法。和风细雨式、一针见血式、自上而下式、自下而上式等要根据场合以及对象的不同而有选择性地应用，这样才能取得既提升思想又令人乐于接受的效果，真正实现批评和自我批评的目的。

四、公正用权、依法用权、为民用权、廉洁用权

改进工作作风，除了继承和发展党的三大作风之外，还要发扬其他作风。如继续坚持和发展“两个务必”，求真务实、真抓实干的作风，艰苦奋斗、勤俭节约的作风，发扬民主、团结统一的作风，还要生活正派、情趣健康等，从而不断提升党的纯洁性。这里更要注意的是要按照习近平总书记在学习贯彻习近平新时代中国特色社会主义思想主题教育工作会议上的讲话中指出的，做到公正用权、依法用权、为民用权、廉洁用权，推动形成清清爽爽的同志关系、规规矩矩的上下级关系、亲清统一的新型政商关系，当好良好政治生态和社会风气的引领者、营造者、维护者。

2014 年 6 月 30 日，习近平总书记在十八届中央政治局第十六次集体学习时的讲话中指出：“从近来反对‘四风’、查处腐败案件的实际情况看，解决党内存在的种种难题，必须营造一个良好从政环境，也就是要有一个好的政治生态。古人早就提出，管理国家，‘必先正风俗。

风俗既正，中人以下，皆自勉以为善；风俗一败，中人以上，皆自弃而为恶’。”[①]2014年，习近平总书记在庆祝全国人民代表大会成立60周年大会上的讲话中强调：“一个政党，一个政权，其前途命运取决于人心向背。人民群众反对什么、痛恨什么，我们就要坚决防范和打击。人民群众最痛恨腐败现象，我们就必须坚定不移反对腐败。要坚持用制度管权管事管人，抓紧形成不想腐、不能腐、不敢腐的有效机制，让人民监督权力，让权力在阳光下运行，把权力关进制度的笼子里。要坚持‘老虎’、‘苍蝇’一起打，坚持有腐必反、有贪必肃，下最大气力解决腐败问题，努力营造风清气正的党风政风和社会风气，不断以反腐倡廉的新成效取信于民。”[②]

2021年11月召开的党的十九届六中全会指出，过去一百年，党向人民、向历史交出了一份优异的答卷。现在，党团结带领中国人民又踏上了实现第二个百年奋斗目标新的赶考之路。我们一定要牢记2021年7月1日习近平总书记在庆祝中国共产党成立100周年大会上的讲话中指出的，牢记初心使命，坚定理想信念，践行党的宗旨，永远保持同人民群众的血肉联系，始终同人民想在一起、干在一起，风雨同舟、同甘共苦，继续为实现人民对美好生活的向往不懈努力，努力为党和人民争取更大光荣！

---

① 《习近平关于党风廉政建设和反腐败斗争论述摘编》，中央文献出版社、中国方正出版社2015年版，第87页。

② 习近平：《论坚持全面依法治国》，中央文献出版社2020年版，第75—76页。

本章阅读材料

“两个务必”

1949 年 3 月，毛泽东在党的七届二中全会上所作的报告中明确提出了“两个务必”。毛泽东指出：“因为胜利，党内的骄傲情绪，以功臣自居的情绪，停顿起来不求进步的情绪，贪图享乐不愿再过艰苦生活的情绪，可能生长。”如果任其泛滥，我们队伍中的“意志薄弱者”就可能被“糖衣裹着的炮弹”击中，党丧失执政地位的危险就可能发生。毛泽东谆谆告诫全党：“中国的革命是伟大的，但革命以后的路程更长，工作更伟大，更艰苦。这一点现在就必须向党内讲明白，务必使同志们继续地保持谦虚、谨慎、不骄、不躁的作风，务必使同志们继续地保持艰苦奋斗的作风。”

我们很快就要在全国胜利了。这个胜利将冲破帝国主义的东方战线，具有伟大的国际意义。夺取这个胜利，已经是不要很久的时间和不要花费很大的气力了；巩固这个胜利，则是需要很久的时间和要花费很大的气力的事情。资产阶级怀疑我们的建设能力。帝国主义者估计我们终久会要向他们讨乞才能活下去。因为胜利，党内的骄傲情绪，以功臣自居的情绪，停顿起来不求进步的情绪，贪图享乐不愿再过艰苦生活的情绪，可能生长。因为胜利，人民感谢我们，资产阶级也会出来捧场。敌人的武力是不能征服我们的，这点已经得到证明了。资产阶级的捧场则可能征服我们队伍中的意志薄弱者。可能有这样一些共产党人，他们是不曾被拿枪的敌人征服过的，他们在这些敌人面前不愧英雄的称号；但是经不起人们用糖衣裹着的炮弹的攻击，他们在糖弹面前要打败仗。我们必须预防这种情况。夺取全国胜利，这只是万里长征走完了第一步。如果这一步也值得骄傲，那是比较渺小的，更值得骄傲的还在后头。在过了几十年之后来看中国人民民主革命的胜利，就会使人们感觉那好像只是一出长剧的一个短小的序幕。剧是必须从序幕开始的，但序幕还不是高潮。中国的革命是伟大的，但革命以后的路程更长，工作更伟大，更艰苦。这一点现在就必须向党内讲明白，务必使同志们继续地保持谦虚、谨慎、不骄、不躁的作风，务必使同志们继续地保持艰苦奋斗的作风。我们有批评和自我批评这个马克思列宁主义的武器。我们能够去掉不良作风，保持优良作风。我们能够学会我们原来不懂的东西。我们不但善于破坏一个旧世界，我们还将善于建设一个新世界。中国人民不但可以不要向帝国主义者讨乞也能活下去，而且还将活得比帝国主义国家要好些。

“两个务必”旨在强化全党的忧患意识，自觉认识前进道路上的困难和风险；旨在强化全党的使命意识，坚定勇于胜利的信心和坚忍不拔的意志，激发奋斗不息、开拓进取的精神，为实现伟大历史转折做好思想准备。

第二章

党的作风问题的由来和党风建设的重要性

党的作风是党员世界观、人生观、价值观在实际工作和生活中的具体体现，是广大人民群众认识党、评价党的重要依据。党的作风是党的性质、宗旨、纲领、路线的重要体现，是一个政党内在品质的真实体现，既包括党员的思想作风、学风，还包括党员的工作作风、生活作风。党的作风不是小事，关系党的生死存亡，影响着党的先进性和执政能力。好的作风是增强党的创造力、凝聚力和战斗力的重要基础。党的作风对社会风气具有引导、影响和制约的作用，影响着社会的和谐。党风好，民风正；党风不好，社会风气就会受其影响，党在人民群众心中的形象就会受到损害。

第一节　党的作风问题的由来

重视作风建设，是中国共产党一以贯之的优良传统。无论是在新民主主义革命时期、社会主义革命和建设时期，还是在改革开放和社会主义现代化建设新时期，尤其是进入新时代，中国共产党都十分重视党的作风建设。这已经成为中国共产党加强自身建设、保持党的先进性和纯洁性、践行全心全意为人民服务的根本宗旨的一个重要法宝。

一、党的作风问题的历史考察

党的作风问题是马克思主义关于无产阶级政党建设理论的基本问题之一。“党的作风”这个概念最早是1942年毛泽东在中共中央党校开学典礼上所作的《整顿党的作风》的演说中提出的。毛泽东提出要“反对主观主义以整顿学风，反对宗派主义以整顿党风，反对党八股以整顿文风”，并强调“学风和文风也都是党的作风，都是党风”。[①]1945年4月，毛泽东在党的七大上所作的《论联合政府》的政治报告中，进一步提出要用新的工作作风，即“理论和实践相结合的作风，和人民群众紧密地联系在一起的作风以及自我批评的作风”[②]武装全党。这是毛泽东依据党的建设实际提出的一个重大课题。

新民主主义革命时期，中国共产党面临领导中国人民推翻“三座大山”的历史任务，如何在小农经济占主体的国家建立无产阶级先进政党，使党健康地发展壮大，成为当务之急。在中国共产党领导中国革命的初期，由于党内民主集中制不健全，滋长了家长制作风，而且出现了多次“左”倾错误，党内的主观主义、宗派主义作风得不到彻底纠正，还存在教条主义和狭隘的经验主义。因此，我们党通过开展延安整风运动，全面总结了党的建设的历史经验教训，旗帜鲜明地反对教条主义、主观主义、宗派主义和党八股，并要求树立马克思主义作风，为党的进一步发展壮大奠定了坚实的思想和组织基础。通过一系列的整党运动，清查了部分党的地方组织特别是农村组织中存在的思想、作风和组织不纯等问题，消除了党内一些非无产阶级思想的影

① 《毛泽东选集》第3卷，人民出版社1991年版，第812页。
② 《毛泽东选集》第3卷，人民出版社1991年版，第1094页。

响和官僚主义作风，为党领导全国人民取得革命胜利奠定了基础。

新中国成立初期，党面临稳固全国政权和建设社会主义国家的历史任务。革命的胜利导致有些党员干部革命意识淡化，过上了消极腐败的生活；有些党员干部滋长了官僚主义和命令主义的作风，逐渐脱离群众；有些党员干部经受不住资产阶级“糖衣炮弹”的攻击，出现了贪污腐化、蜕化变质的现象，这些都对党的作风建设产生了严重的影响。针对部分党员骄傲情绪滋生，出现官僚作风和思想、组织不纯等问题，党中央开展了整风运动、整党运动，显著改善了党的组织成分，提高了党员素质，对党领导全国人民恢复国民经济、顺利进行社会主义工商业改造起到了重大作用。

改革开放初期，党面临调整工作重心、推进社会主义现代化建设的历史任务，团结一致向前看成为当时的主题。面对“文化大革命”的遗留问题尚未完全肃清、党内存在一些严重不良倾向的局面，党中央及时作出整党的决定，并明确提出党风关系到党的生死存亡。经过三年整党，全党在思想、作风、纪律、组织方面取得较大成效，为党领导改革开放和现代化建设奠定了坚实的基础。随着改革开放不断走向深入，党又面临新形势下保持党的先进性、增强执政能力的历史任务。为此，党中央先后围绕“讲学习、讲政治、讲正气”、保持共产党员先进性、深入学习实践科学发展观等主题开展了一系列学习教育活动。

党的十八大以来，习近平总书记率先垂范，始终带头严格遵守八项规定。全党先后开展了一系列党内教育，不断加强党性和党风教育，提高党的先进性、纯洁性，增强执政能力，为全面建成小康社会、打赢脱贫攻坚战、开启全面建设社会主义现代化国家新征程提供了良好的思想保证、组织保证。然而，作风问题具有顽固性和反复性，形成优良作风不可能一劳永逸，克服不良作风也不可能一蹴而就。党的十八大以来，以习近平同志为核心的党中央在推进作风建设实践中更加注重各项政策与改革举措之间的系统性、整体性和协调性，通过实施主题教育实践活动、落实党风廉政建设“两个责任”、强化反腐巡视利剑、完善制度保障等多项举措推进党的作风建设，使党的作风持续好转。但党风不正的问题根源仍未清除，滋生腐败的环境和土壤依然存在，作风问题仍面临反弹回潮的风险。习近平总书记指出，当前很多党的作风建设举措“还停留在治标的层面上，病原体并没有根除；还有一些是因为不敢才有所遏制的，不能、不想的问题远远没有解决”[①]。

二、党的作风建设的思想基础

党大力推进作风建设实践，既需要科学理论作指导，又需要与我国本土文化相契合，这就决定了党必须一方面深入挖掘马克思主义关于无产阶级政党作风建设的理论资源，提高党的建设的科学化水平；另一方面又要汲取我国传统文化的精华，深植于整个社会文化环境之中，从而提升作风建设实践的实效性。

（一）无产阶级政党作风建设的理论资源

在国际共产主义运动史上，马克思和恩格斯虽未能形成专门的、系统的政党作风建设思想，但他们留存于著述中的关于作风建设的观

① 《习近平关于全面从严治党论述摘编》，中央文献出版社 2016 年版，第 163 页。

点，却可以为无产阶级政党开展作风建设指明方向。他们的一些“先见”，也是指导党的作风建设实践的一笔宝贵财富。

马克思和恩格斯认为各国共产党在革命斗争实践中应该密切联系实际探索符合国情的斗争策略，他们指出教条主义和现实主义是根本对立的，是应该摒弃的错误倾向。他们曾在《共产党宣言》中指出：“共产党人的理论原理，决不是以这个或那个世界改革家所发明或发现的思想、原则为根据的。”“这些原理不过是现存的阶级斗争、我们眼前的历史运动的真实关系的一般表述。”[①] 马克思和恩格斯曾揭露无产阶级政党中的教条主义错误，并对党内的教条主义者进行批评。马克思和恩格斯认为理论需要在与实践的结合中不断完善、不断发展，对理论的机械搬用不仅违背马克思主要理论的基本精神，而且会使其理论成为实践的严重阻碍。他们的相关论述具有鲜明的反对教条主义倾向，主张理论在应用中同实践相结合，这成为中国共产党理论联系实际优良作风的重要思想启发和理论来源。

列宁秉持历史唯物主义的观点，认为人民是历史的创造者，阶级斗争是阶级社会发展的动力。列宁认为无产阶级革命的开展、无产阶级政权的建立和巩固都需要依靠人民的力量，“如果在斗争期间，大多数劳动者，不仅大多数工人，而且大多数被剥削和被压迫的人，都站在我们方面，那么，我们就能真正取得胜利”[②]。为巩固政权，无产阶级政党同样应争取人民群众的广泛支持，“只有毫不犹豫地无条件地依靠大多数居民的政权，才能成为稳固的政权”[③]。俄国十月革命胜

① 《马克思恩格斯选集》第 1 卷，人民出版社 2012 年版，第 413、414 页。
② 《列宁全集》第 42 卷，人民出版社 2017 年版，第 41 —42 页。
③ 《列宁全集》第 32 卷，人民出版社 2017 年版，第 159 页。

利后建立起了苏维埃政权，列宁意识到执政党角色的转换可能会导致党内滋生官僚主义，这会严重威胁党的执政地位，甚至导致和平时期的国家建设失去人民群众的支持。他指出，无产阶级政党应代表人民群众的利益、反映人民群众的想法，党才能实现合法的、科学的执政，“否则共产党就不能率领无产阶级，而无产阶级就不能率领群众，整个机器就要散架”[①]。列宁指出劳动群众是苏维埃建设社会主义事业的根本和基础，脱离人民群众的共产党无法独自完成社会主义建设，“只靠共产党员的双手来建立共产主义社会，这是幼稚的、十分幼稚的想法”[②]。

批评和自我批评是无产阶级政党的优良传统，是区别于其他政党的重要标志之一。列宁指出，批评和自我批评有助于修正党内错误思想倾向，保持党的活力，“自我批评对于任何一个富有活力、朝气蓬勃的政党来说都是绝对必要的”[③]。他认为无产阶级政党及其领导人难免会犯错误，所犯的错误可以经过批评和自我批评的手段得到纠正，这样党也就得以不断地克服自身弱点，他提出应无所遮拦地揭示党的错误：“我们应当有勇气揭开我们的脓疮，以便老老实实地进行诊断，对症下药地加以治疗。”[④]列宁指出无产阶级政党开展批评和自我批评的目的是要修正党的错误，保证党的先进性。他指出苏联共产党曾犯了大量的错误，但是“不管我们犯了什么样的错误，我们是在实践中学习，是在为掌握正确进行革命的艺术打基础”[⑤]。因此，一方面，他

① 《列宁全集》第 43 卷，人民出版社 2017 年版，第 113 页。
② 《列宁全集》第 43 卷，人民出版社 2017 年版，第 100 页。
③ 《列宁全集》第 10 卷，人民出版社 2017 年版，第 334 页。
④ 《列宁全集》第 8 卷，人民出版社 2017 年版，第 165 页。
⑤ 《列宁全集》第 35 卷，人民出版社 2017 年版，第 69 页。

认为要在党的纲领的原则范围内保证批评自由，营造党内自由讨论的政治氛围；另一方面，他又提出党内批评要讲究原则，开展批评和自我批评要坚持实事求是的原则，在批评的形式方面应考虑党所处的外部环境，在内容方面要首先在苏维埃和党的工作实践中评判检验，而不能被无产阶级的敌人所利用。

（二）中华优秀传统文化提供的思想资源

习近平总书记指出："优秀传统文化是一个国家、一个民族传承和发展的根本，如果丢掉了，就割断了精神命脉。"[①] 中国共产党孕育于中国社会，先天带着中华优秀传统文化的根魂，在推进作风建设的实践中必然不能同中华优秀传统文化割裂开来。

中华优秀传统文化中的民本思想，自先秦时期已有记载。当时封建社会中的民本举措本质上是统治阶级为加强自身对社会的控制力而对民众进行的安抚，事实上蕴含的安民、养民、敬民思想凸显了对人民主体地位的尊重及密切联系人民的价值意向，这为中国共产党发展密切联系群众的优良作风提供了重要借鉴。

党的十八大以来，习近平总书记在不同场合多次提到过中华优秀传统文化中的知行合一思想，向全党同志倡导坚持知行合一。于知行合一处下功夫，既可提升认识水平，又切实可行。中华优秀传统文化中的知行合一思想内涵深厚，刚开始仅具考究事物之理、增强自身修养的意蕴。中国共产党深挖知行之辩中的合理内容，推进其实现创新性发展与创造性转化，知行合一思想成为推进作风建设的重要思想。

---

① 习近平：《在纪念孔子诞辰 2565 周年国际学术研讨会暨国际儒学联合会第五届会员大会开幕会上的讲话》，人民出版社 2014 年版，第 11 页。

（三）党在加强作风建设中发展

经过百年的风雨历程，中国共产党在实践中形成了优良的作风传统，但是这并不能说明党可以躺在历史的功劳簿上沾沾自喜，“过去先进不等于现在先进，现在先进不等于永远先进；过去拥有不等于现在拥有，现在拥有不等于永远拥有”[①]。

近代以来，中国共产党之所以能够在与各种政治力量的反复较量中脱颖而出，始终走在时代前列，成为勇立潮头的坚强执政党，重要的原因就在于中国共产党始终依靠不断发展的作风建设纠正了自身出现的错误。

通过延安整风运动，全党上下明确，导致党的革命事业举步维艰的原因不仅在于军事路线上的失误，更严重的在于党内严重的教条主义、经验主义和主观主义的错误。故而党内形成了“要完成打倒敌人的任务，必须完成这个整顿党内作风的任务”[②]的认知。在革命路线上，中国共产党摒弃固化和僵化的革命理论和俄国革命经验，发扬理论联系实际的作风，推动马克思主义基本原理同中国具体实际相结合，弄清楚了中国的革命性质、革命道路和革命前途等问题，探索出了一条农村包围城市的革命新路；为凝聚群众力量、保证党内步调一致和党内团结，中国共产党积极培育密切联系群众的优良作风处理党群关系，充分发扬党内民主、运用批评和自我批评的武器调整党内关系。如此，中国共产党在革命时期逐渐发展并确立了优良作风，对党领导中国人民完成争取民族独立、人民解放的任务提供了重要的策略

---

① 《中共中央关于加强和改进新形势下党的建设若干重大问题的决定》，人民出版社2009年版，第5页。

② 《毛泽东选集》第3卷，人民出版社1991年版，第812页。

供给、力量支持和精神激励的保障。

社会主义革命和建设时期，中国共产党的主要任务是实现从新民主主义到社会主义的转变，进行社会主义革命，推进社会主义建设，为实现中华民族伟大复兴奠定根本政治前提和制度基础。“由于中国革命已经胜利，新的更伟大更艰苦的革命任务已经被提了出来，因此，今后共产党员必须比过去具有更高的条件，才能负担这些任务”[①]。但当时作风方面出现的问题尤为突出：少数党员干部居功自傲、丧失革命斗志；官僚主义滋生，脱离群众现象严重；腐败堕落，宗旨意识淡薄；一部分投机分子渗透进党的队伍中。如果不能及时遏制这种错误势头，最终会危及党“进京赶考”的成功。针对于此，党展开了深刻的整党整风运动，粉碎了高岗、饶漱石分裂党的活动，抑制了党内骄傲情绪和个人主义错误倾向的冒头。社会主义革命和建设时期党的作风建设倡导全体党员在执政的环境中保持革命时期的优良作风，继续保持高昂的革命热情，以谦虚、谨慎、不骄、不躁的作风和艰苦奋斗的作风完成执政兴国的历史使命。

改革开放以来，党领导人民在思想路线上拨乱反正，重新确立了实事求是的思想路线，逐渐恢复了党的优良作风传统，将全党工作重心转移到经济建设上来，作出了改革开放的决策，提出要将党的作风建设贯穿改革开放的全过程：“开放、搞活政策延续多久，端正党风的工作就得干多久，纠正不正之风、打击犯罪活动就得干多久，这是一项长期的工作，要贯穿在整个改革过程之中，这样才能保证我们开

① 《刘少奇选集》下卷，人民出版社 1985 年版，第 69 页。

放、搞活政策的正确执行。”[①]

党的十八大以来，以习近平同志为核心的党中央明确指出，党的作风问题中的“四风”问题“是违背我们党的性质和宗旨的，是当前群众深恶痛绝、反映最强烈的问题也是损害党群干群关系的重要根源”[②]。于是，党将纠治“四风”问题和作风建设作为新时代全面从严治党的伟大工程的切入点，坚持抓常、抓长，坚持“风气养成重在日常教化，作风建设贵在常抓不懈，时刻摆上位置、有机融入日常工作，做到管事就管人，管人就管思想、管作风”[③]，推进作风建设的各项要求和举措落地生根。

第二节　党的作风问题的本质

党的作风与党性是密不可分、互相作用的。党性决定党风，党风反映党性。但是，在作风问题上，起决定作用的是党性，正如习近平总书记所讲：“作风问题根本上是党性问题。作风反映的是形象和素质，体现的是党性，起决定作用的也是党性。”[④]党性纯，则党风正。

一、党的作风是党性的表现

提高党性修养离不开作风修养的提高，作风修养在党性修养中占

① 《邓小平文选》第 3 卷，人民出版社 1993 年版，第 164 页。
② 《习近平关于党风廉政建设和反腐败斗争论述摘编》，中央文献出版社、中国方正出版社 2015 年版，第 72 页。
③ 《习近平关于全面从严治党论述摘编》，中央文献出版社 2016 年版，第 161 页。
④ 《习近平关于全面从严治党论述摘编》，中央文献出版社 2016 年版，第 154 页。

据着十分重要的位置。在党性与党的作风之间，首先是党风源于党性，反映党性，是党性的外在表现。一个政党的形象可以通过多种方式表现出来，也就是说，我们可以通过多种渠道来认识一个政党，如党的思想、党的纲领、党取得的成就等。党的作风犹如一面镜子，我们可以通过党的作风对一个政党做出判断。党的路线方针政策、党性都反映在党的作风上。再如，就党员个体而言，作风修养仍是其党性修养的外在表现。“听其言，察其行”，我们可以通过党员的日常行为如吃穿住行来看出他的气质和修养，即由外而内观察人和事物。从党员的作风中可以判断出其党性的强弱。党风具有显著的群体性，体现了党的整体形象。党的作风不同于其他的社会风气，是直接为党的政治任务服务的。党性修养不同，表现在作风上也迥然各异、泾渭分明，党风不能脱离党性孤立地存在。在现代政党政治中，一些资产阶级政党为了赢得选票，刻意在民众面前制造假象、迷惑民众，让民众误以为这个政党是为自己谋利益的，就在大选中把选票投向这个政党。结果得到选票后这个政党在执政的过程中，不履行对民众的承诺，其作风反映的是资产阶级政党的党性，其形象只是短期塑造出来的假象，迷惑民众的作风只是政治作秀，客观存在的作风与政党的性质不适应。相反，马克思主义政党的作风是与党性相一致的，马克思主义政党是真心为人民利益而奋斗的，在作风上就能表现出来，如求真务实、廉洁从政，实事求是、执政为民等，就是无产阶级党性的体现。党风不是被动地反映党性，而是对党性具有能动的反作用。好的党风可以起到保护、巩固党性的作用，不良的党风就会对党性起到削弱、破坏的负面作用。

二、党性决定着作风的优劣

在党性与作风的问题上，党性决定党风，党性是魂，党风是形，党风的发展变化要受到党性的制约。一个政党的党性与政党的阶级性相关，不同阶级的政党由于党性各异，其作风也是不同的。资产阶级政党的党性要求政党及其党员在行为表现上处处维护资产阶级的利益，表现出的作风也是为资产阶级服务的。马克思主义政党的党性也同样决定着党的作风是服务于人民群众的，有利于人民群众的利益的。各阶级政党党性的不同，决定着每个阶级的政党具有不同的世界观、价值观和行为准则，而世界观、价值观决定着一个政党认识问题和分析问题的出发点和方式，也就会按照本阶级、本党的利益来分析问题和处理问题，实现阶级的最大利益是其做事情的出发点和最终目的。因此，在实践中展示出的党的作风在不同阶级政党党性的作用下存在差异，马克思主义政党的党性决定着其在认识和改造世界的过程中，在思想、工作、学习等方面都会从人民的利益出发，都会遵守客观规律，按照马克思主义的世界观、价值观行动，形成良好的作风，得到人民的认同。资产阶级政党的党性决定着他们的作风仅仅为少数人所赞同和支持。党性的强弱决定着作风的好坏，党性强则党风好；反之，没有好的党性修养就不会有好的党风。一个党性强的党员，一个真心为人民谋利益的党员，在实践中就会自觉遵守规矩，表现出理论联系实际的作风，就能够在工作中真正做到与人民群众在一起，就能够坚持批评和自我批评的作风，就能做到谦虚谨慎、不骄不躁、求真务实。相反，一个党员的党性较弱，在工作中就很容易表现出形式主义、经验主义。

三、维护作风也就是维护党性

提升党性修养永无止境，作风建设永远在路上。党性和党的作风在各自的发展中相互影响着，党性问题、作风问题是党的建设过程中都必须处理好的问题，所以要“透过作风看党性，在解决作风问题的基础上解决好党性问题。这是改进作风的一个重要着眼点”[①]。党风具有独立性，虽然受到党性的制约，对党性也有能动的反作用，但不是仅仅被动地反映党性。党组织和党员从党性的原则出发，形成了具有党性的表现，经过倡导成为党的风尚，也就是党的优良作风。党的作风具有发展的可变性，在不同的时期，某种特定的党的作风的形成与时代的变化、党的地位和任务有关。但是，这个变化处于艰难的前进状态，不是一下从全体党员的行为中表现出来的，要经过多次反复才能形成，这就需要进行大量艰苦细致的工作。一种优良的作风确立后，就具有了相对独立性，就是说这种独立性致使这种作风会受到不良作风的影响和干扰，因为党的作风是行为的表现。如党的群众路线教育实践活动中提到的“四风”，不仅干扰和影响着党的优良作风，还通过破坏党的作风破坏党性和党的根基，必须下大力气解决，否则就会出现党风不正、党性弱化的情况。解决好党的作风问题，尤其是排除那些不利于优良作风存在和发展的消极因素，维护党的优良作风也就维护了党性。换句话说，党性和人民性是统一的，好的作风维护人民的利益，坏的作风破坏人民的利益，祛除这些不好的作风，排除那些不利优良作风存在和发展的不良因素，把好的作风用制度化的方式巩固下来，就是符合人民群众的最大利

① 《习近平关于全面从严治党论述摘编》，中央文献出版社 2016 年版，第 154 页。

益，就维护和巩固了无产阶级政党的党性。

第三节　党的作风的重要性

党的作风关系到能否保持党的先进性。对任何一个政党而言，作风问题事关大局，关乎事业兴衰成败，是彰显本色的“窗口”。中国共产党更是十分重视作风问题，这是由作风对中国共产党的重要性决定的。“党的作风就是党的形象，关系人心向背，关系党的生死存亡。”[①] 人民群众可通过党的作风看清党的本质，只有党的作风好了，他们才会拥护和支持党。新时代党带领人民实现第二个百年奋斗目标，必须继续加强和改进作风。

一、党的作风与政治路线密切相关

马克思主义政党为了实现自己的目标，必须公开树立起自己的旗帜，这就是政党的纲领，纲领体现着党的性质和宗旨。人们可以通过纲领这面旗帜来认识这个政党，从而决定自己是否站在这面旗帜之下。政治路线是党的纲领的具体体现，它决定着党在一定历史时期行动的方向，是制定各项具体方针政策的根本指南。党在不同的历史阶段会根据历史任务制定出自己的政治路线，从而确定党在一定历史时期行动的目标。党的作风与党在一定历史时期确定的政治路线密切相关。我们可以从两个方面去理解，一方面，党的作风受到政治路线的

---

① 《习近平关于党风廉政建设和反腐败斗争论述摘编》，中央文献出版社、中国方正出版社 2015 年版，第 8 页。

制约。一个正确的政治路线肯定是体现党的性质和宗旨的，是反映人民的利益的，是从人民的根本利益出发的。党的作风、良好的形象需要这样的政治路线做基础。相对于政治路线而言，党的作风又具有一定的独立性，即在正确的路线指导下，也会出现一些影响党的形象的不良作风，这需要我们努力去纠正。另一方面，政治路线的制定和执行受党的作风的影响，在良好的党风影响下，制定出来的政治路线才能更加符合人民的期盼、符合国情并代表人民的利益。执政党的作风有问题，不仅很难制定出正确的政治路线，而且会阻碍正确的政治路线的贯彻执行。

二、党的作风关系人心向背

作风是一种无形的力量，政党的作风代表着党的形象，是民心向背的晴雨表。党员来自人民群众，是人民群众中的一员。党员的言行不仅代表个人，还与整个党的形象和作风密切相连。人民群众通过观察党员言行作风来确定对党的态度。在革命战争年代，党用良好的作风和行动赢得了人民群众的支持和拥护，坚定了他们跟党走的决心。在改革开放和社会主义现代化建设新时期，党用良好的作风感召和凝聚了人民群众，形成强大的合力，共同为国家的富强而奋斗。在中国特色社会主义新时代，人民群众同样通过观察党员的言行作风来确定对党的态度。“作风问题，核心是党和人民群众的关系问题”[①]，党的作风好，真心为人民群众办事情，人民群众就相信党、拥护党，党在人民群众中的威信就高、形象就好。党的作风不仅影响党的形象，还广泛地影响社会风气，

① 《十八大以来重要文献选编》（中），中央文献出版社 2016 年版，第 88 页。

对社会的风气起着重要的示范和导向作用。在党风和民风中，关键是搞好党风，因为党在群众中有着崇高的威望，党员的一举一动都会影响群众。党指引的方向就是群众前进的方向。党员清正廉洁、艰苦朴素，群众就会崇尚节俭。党的作风正了，党员的先锋模范作用发挥得好，群众会自觉地跟着学，从而营造出良好的、充满活力的社会氛围，社会的风气也会变好，党和群众就能同甘共苦。否则，党的作风不好，党员不像党员，群众同样会跟着学，就会带坏社会的风气，给党的事业带来损害。久而久之，党风如果不能引导社会风气向更文明更和谐的方向发展，执政党也就失去了立足之地。

三、党的作风关系党的执政基础

党的执政地位是由诸多因素决定的，群众基础是党执政合法性的核心要素。我们党之所以得到人民群众长期的支持，拥有坚强的群众基础，是因为党是人民群众利益的忠实代表者。党自身拥有优良的作风，“风清则气正，气正则心齐，心齐则事成”①，人民群众正是在党的优良作风的号召下聚集在一起，为共同的理想而努力奋斗。党的优良作风在群众中有深远影响，即使党出现一些工作失误，人民群众谅解后仍然会支持和拥护我们党。“如果不坚决纠正不良风气，任其发展下去，就会像一座无形的墙把我们党和人民群众隔开，我们党就会失去根基、失去血脉、失去力量”②，最终人民群众对党领导的政权就会丧失信心，党的执政基础就会动摇。因此，党要长期执政，必须十分

① 《十八大以来重要文献选编》（中），中央文献出版社 2016 年版，第 88 页。
② 《习近平关于党风廉政建设和反腐败斗争论述摘编》，中央文献出版社、中国方正出版社 2015 年版，第 5—6 页。

重视加强自身建设。党的建设是一个体系，与所处时代的环境和任务有关，不同的时代，需要与时俱进的党的作风。要形成这样的作风，就需要对党的建设的各个方面进行改进。当然，党的作风也影响着党的建设，二者是互动的、相辅相成的。党的作风好，可以推动党的建设顺利进行。

党的十八大以来，以习近平同志为核心的党中央就是从抓党的作风建设开始，先后出台了一系列正风肃纪的条例和规定，在有效纠正党内存在的不正作风的同时，大力推动党的建设的全面开展，提升了执政能力和执政水平，赢得了人民群众支持。实践证明，抓住了作风建设，就抓住了新时代党的建设的重要环节，就抓住了巩固党的群众基础和提高党的执政能力的切入点，进而巩固了党的执政基础和执政地位。

本章阅读材料

全面从严治党探索出依靠党的自我革命跳出历史周期率的成功路径

2023 年第 3 期的《求是》杂志发表了中共中央总书记、国家主席、中央军委主席习近平的重要文章《全面从严治党探索出依靠党的自我革命跳出历史周期率的成功路径》。

文章强调，党的十八大以来，党中央把全面从严治党纳入“四个全面”战略布局，以前所未有的勇气和定力推进党风廉政建设和反腐败斗争，刹住了一些多年未刹住的歪风邪气，解决了许多长期没有解决的顽瘴痼疾，清除了党、国家、军队内部存在的严重隐患，管党治党宽松软状况得到根本扭转。全面从严治党取得了历史性、开创性成就，产生了全方位、深层次影响，必须长期坚持、不断前进。

文章指出，我经常讲跳出历史周期率问题，这是关系党千秋伟业的一个重大问题，关系党的生死存亡，关系我国社会主义制度的兴衰成败。如何跳出历史周期率？党始终在思索、一直在探索。毛泽东同志在延安的窑洞里给出了第一个答案，这就是“让人民来监督政府”；经过百年奋斗特别是党的十八大以来新的实践，党又给出了第二个答案，这就是自我革命。自我革命就是补钙壮骨、排毒杀菌、壮士断腕、去腐生肌，不断清除侵蚀党的健康肌体的病毒，不断提高自身免疫力，防止人亡政息。勇于自我革命和接受人民监督是内在一致的，都源于党的初心使命。一百年来，党外靠发展人民民主、接受人民监督，内靠全面从严治党、推进自我革命，勇于坚持真理、修正错误，勇于刀刃向内、刮骨疗毒，保证了党长盛不衰、不断发展壮大。

文章指出，全面从严治党是新时代党的自我革命的伟大实践，开辟了百年大党自我革命的新境界。

第一，坚持以党的政治建设为统领，坚守自我革命根本政治方向。历史反复证明，党的团结统一是党的生命，党中央坚强有力领导是我们战胜一切困难和风险的根本保证。党的团结统一首先是政治上的团结统一。我们坚持把党的政治建设摆在首位，把维护党中央权威和集中统一领导作为最高政治原则，把党的领导落实到管党治党、治国理政各领域各方面各环节，严明政治纪律和政治规矩，强化政治监督、深化政治巡视，坚决防止和治理“七个有之”，坚决清除对党中央阳奉阴违的两面人、两面派，不断净化党内政治生态。经过新时代全面从严治党的革命性锻造，从根本上扭转了落实党的领导弱化、党的观念淡漠状况，全党“四个意识”不断增强，“四个自信”日益坚定，“两个维护”更加自觉。

第二，坚持把思想建设作为党的基础性建设，淬炼自我革命锐利思想武器。我们坚持用“革命理想高于天”的信仰强基固本、凝心铸魂，用党的创新理论武装全党、教育人民，要求全党牢记中国共产党是什么、要干什么这个根本问题，从党的百年奋斗中看清楚过去我们为什么能够成功、弄明白未来我们怎样才能继续成功，先后开展党的群众路线教育实践活动、“三严三实”专题教育、“两学一做”学习教育、“不忘初心、牢记使命”主题教育、党史学习教育等，推进学习教育制度化常态化，加强意识形态阵地建设和管理，不断去杂质、除病毒、防污染，锤炼共产党人信仰信念的钢筋铁骨。经过新时代全面从严治党的革命性锻造，一些领域长期存在的意识形态之乱、价值观之乱得以正本清源，全党自觉用党的创新理论滋养初心、引领使命，增强为党分忧、为国奉献、为民造福的政治担当，在风浪考验中立住脚，在诱惑“围猎”前定住神，在复杂严峻斗争中保持了政治本色。

第三，坚决落实中央八项规定精神、以严明纪律整饬作风，丰富自我革命有效途径。党性、党风、党纪是有机整体，党性是根本，党风是表现，党纪是保障。新时代全面从严治党以落实中央八项规定精神破题，党中央率先垂范，弘扬谦虚谨慎、艰苦奋斗等光荣传统，涵养求真务实、清正廉洁的新风正气，把纪律和规矩挺在前面，抓早抓小、防微杜渐，一个毛病一个毛病纠治，一个问题一个问题突破，一年接着一年坚守，坚决纠正形式主义、官僚主义、享乐主义和奢靡之风，坚决破除特权思想、特权行为，坚决整治群众身边的腐败和不正之风。经过新时代全面从严治党的革命性锻造，纪律松弛、作风飘浮状况显著改变，真管真严、敢管敢严、长管长严氛围基本形成，党风政风焕然一新，社风民风持续向好，重塑了党在人民心中的形象。

第四，坚持以雷霆之势反腐惩恶，打好自我革命攻坚战、持久战。古人说："国家之败，由官邪也。"腐败是最容易颠覆政权的问题，反腐败是最彻底的自我革命。我们以"得罪千百人，不负十四亿"的使命担当去疴治乱，坚持无禁区、全覆盖、零容忍，坚持重遏制、强高压、长震慑，坚持受贿行贿一起查，坚持有案必查、有腐必惩，坚定稳妥、有力有效查处了一批新中国成立以来十分重大的案件，"打虎"、"拍蝇"、"猎狐"多管齐下，坚决消除腐败这个最大危险，坚决打赢反腐败这场输不起的斗争。经过新时代全面从严治党的革命性锻造，反腐败斗争取得压倒性胜利并全面巩固，不敢腐的震慑充分彰显，不能腐的笼子越扎越牢，不想腐的自觉显著增强。当今世界没有其他哪个政党、哪个国家能够像我们这样大规模、大力度、坚持不懈惩治腐败。我们成功走出一条依靠制度优势、法治优势反腐败之路，书写了人类反腐败斗争历史新篇章。

第五，坚持增强党组织政治功能和组织力凝聚力，锻造敢于善于斗争、勇于自我革命的干部队伍。我们贯彻新时代党的组织路线和好干部标准，以提升组织力为重点、强化政治功能，完善上下贯通、执行有力的组织体系，树立加强基层建设的鲜明导向，推动各级党组织全面进步、全面过硬。总结运用党积累的伟大斗争经验，教育引导党员、干部发扬斗争精神、掌握斗争策略、练就斗争本领，在决胜全面小康、决战脱贫攻坚、抗击疫情、防汛救灾、应对外部打压遏制等一线接受考验。经过新时代全面从严治党的革命性锻造，一些基层党组织虚化弱化边缘化问题得以坚决纠正，爱惜羽毛的"老好人"、推诿扯皮的“圆滑官”、得过且过的“太平官”失去市场，广大基层党组织的战斗堡垒作用和共产党员的先锋模范作用充分彰显，党的政治优势和组织优势不断转化为制胜优势。

第六，坚持构建自我净化、自我完善、自我革新、自我提高的制度规范体系，为推进伟大自我革命提供制度保障。我们健全党和国家监督制度，以党内监督为主导，发挥巡视监督利剑作用和派驻监督探头作用，推进纪律检查体制、国家监察体制、审计统计监督体制改革，推动各项监督贯通协同，实现党内监督全覆盖、对公职人员监察全覆盖。坚持制度治党、依规治党，健全党的组织法规、领导法规、自身建设法规、监督保障法规，让制度“长牙”、“带电”。经过新时代全面从严治党的革命性锻造，我们形成了比较完善的党内法规体系，构建起党统一领导、全面覆盖、权威高效的监督体系，营造了尊崇制度、遵守制度的良好氛围，推动各方面制度更加成熟定型，形成了中国共产党之治、中国之治的独特优势。

第三章

八项规定只是改进作风的第一步

注重党的工作作风建设，是我们党的特点和优势。党的十八大闭幕后，习近平总书记在十八届中央政治局常委同中外记者见面会上的讲话中指出："打铁还需自身硬。我们的责任，就是同全党同志一道，坚持党要管党、从严治党，切实解决自身存在的突出问题，切实改进工作作风，密切联系群众，使我们党始终成为中国特色社会主义事业的坚强领导核心。"① 不久，中共中央政治局召开会议，审议通过了中央政治局关于改进工作作风、密切联系群众的八项规定，迈出了新时代改进党的作风的第一步，党的作风建设不断深入推进。

第一节　工作作风的改进是一个突破口

抓改进工作作风，各项工作都很重要，但最根本的是要坚持和发扬艰苦奋斗精神。各级领导干部要以身作则、率先垂范，说到的就要做到，承诺的就要兑现。要坚持勤俭办一切事业，坚决反对讲排场比阔气，坚决抵制享乐主义和奢靡之风。要大力弘扬中华民族勤俭节约的优秀传统，大力宣传节约光荣、浪费可耻的思想观念，努力使厉行节约、反对浪费在全社会蔚然成风。

---

① 《习近平关于全面从严治党论述摘编》，中央文献出版社 2016 年版，第 147 页。

一、改进工作作风的重要性

一个人、一个政党、一个国家，都有一个形象问题。人们对事物的内在本质进行价值评判，往往以其展现的外部形象为直接依据。党的形象，不是空洞的、看不见摸不着的，而是通过每个党组织、每位党员和领导干部的作风反映出来的。如果党的作风好，党的组织和广大党员、领导干部能够大公无私，言行一致，吃苦在前，享受在后，与人民群众同甘共苦，一切为了群众，一切依靠群众，为群众的利益不惜牺牲自己的一切，那么党的形象就好，必然获得人民群众的衷心拥护和支持；反之，党的作风不正，党的组织和广大党员、领导干部对人民群众的生活和工作麻木不仁，仅仅为自己和少数人谋私利，甚至为此而不惜损害人民群众的利益，那么党的形象就差，必然受到人民群众的否定，从而被人民群众所唾弃。

加强和推进党的工作作风是一场攻坚战、持久战，一刻都不能放松、一刻都不能停顿。在党的群众路线教育实践活动总结大会上，习近平总书记指出："这么多年，作风问题我们一直在抓，但很多问题不仅没有解决、反而愈演愈烈，一些不良作风像割韭菜一样，割了一茬长一茬。症结就在于对作风问题的顽固性和反复性估计不足，缺乏常抓的韧劲、严抓的耐心，缺乏管长远、固根本的制度。"[①]党的十八大以来，党中央以踏石留印、抓铁有痕的劲头狠抓作风建设，制定和落实八项规定，相继开展党的群众路线教育实践活动、"三严三实"专题教育、"不忘初心、牢记使命"主题教育、党史学习教育，

① 《十八大以来重要文献选编》（中），中央文献出版社 2016 年版，第 99 页。

推进“两学一做”学习教育、党史学习教育常态化制度化，党风政风为之一新，党心民心为之大振。然而作风建设只有“进行时”，没有“完成时”，正如习近平总书记所说：“‘四风’问题树倒根存，形式主义、官僚主义问题依然突出。”[①]可见，作风问题具有反复性和顽固性，形成优良作风不可能一劳永逸，克服不良作风也不可能一蹴而就，作风建设永远在路上。

二、改进工作作风就要净化政治生态

党内政治生活是党风政风的生成土壤。有什么样的党内政治生活，就有什么样的党员、干部作风。2013年，习近平总书记在十八届中央纪委二次全会上指出：“改进工作作风，就是要净化政治生态，营造廉洁从政的良好环境。”[②]2014年，习近平总书记在党的群众路线教育实践活动总结大会上强调：“党内政治生活是党组织教育管理党员和党员进行党性锻炼的主要平台，从严治党必须从党内政治生活严起。”“从严治党，最根本的就是要使全党各级组织和全体党员、干部都按照党内政治生活准则和党的各项规定办事。”[③]2016年，习近平总书记在十八届中央纪委六次全会上强调：“政治生态好，人心就顺、正气就足；政治生态不好，就会人心涣散、弊病丛生。”[④]党的十八大

① 习近平：《在“不忘初心、牢记使命”主题教育工作会议上的讲话》，《求是》2019年第13期。

② 《习近平关于协调推进“四个全面”战略布局论述摘编》，中央文献出版社2015年版，第124页。

③ 《十八大以来重要文献选编》（中），中央文献出版社2016年版，第95、96页。

④ 习近平：《在第十八届中央纪律检查委员会第六次全体会议上的讲话》，人民出版社2016年版，第14页。

以来，党中央一直大力抓党风建设，净化政治生态，使党风政风有了根本好转。

开展严肃认真的党内政治生活，是我们党区别于其他政党的重要特征之一，也是我们党的光荣传统。党内政治生活的核心在于“讲政治”。习近平总书记指出，新形势下加强和规范党内政治生活，要着力增强党内政治生活的政治性、时代性、原则性、战斗性。[①] 增强党内政治生活的政治性，就是党内政治生活要把握坚定正确的政治方向，引导党员、干部自觉维护党中央权威、维护党的团结和集中统一。增强党内政治生活的时代性，就是党内政治生活要紧跟时代步伐、聆听时代声音、回答时代课题，及时发现和解决党内出现的新问题，使党内政治生活始终充满活力。增强党内政治生活的原则性，就是党内政治生活要坚持党的思想原则、政治原则、组织原则、工作原则，按原则处理党内各种关系，按原则解决党内矛盾和问题。增强党内政治生活的战斗性，就是党内政治生活要旗帜鲜明坚持真理、修正错误，勇于开展批评和自我批评，使每个党组织都成为激浊扬清的战斗堡垒，使每个党员都成为扶正祛邪的先锋战士。

三、好的作风引领好的风气

要用党风引领社会风气，这是艰巨的任务。因为风气代表普遍的意识和行为，具有很强的传导力。坏风气的扭转或好风气的营造，都不是轻而易举办到的，要树恒心，下大力坚持去抓。党风建设也不是

① 《习近平在省部级主要领导干部学习贯彻十八届六中全会精神专题研讨班开班式上发表重要讲话强调　以解决突出问题为突破口和主抓手　推动党的十八届六中全会精神落到实处》，《人民日报》2017 年 2 月 14 日。

孤立或封闭的，它与社会风气相互影响。保持党的先进性和纯洁性，党组织和党员干部就要以身作则，率先垂范，努力带动和创造良好的社会风气。

首先，党员干部要从不良的人际关系中摆脱出来。我们生活在“熟人社会”，人际交往中有的人往往重情面、好面子，彼此帮帮忙，找关系、开后门成风。纯洁而美好的人情，在交易中会变得复杂，甚至严重扭曲了公务活动中的权力关系，引发了以权谋私的案件，公事很难真正公办。和谐的人际关系只能建立在理性的公共秩序上，党风要引领社会风气，党员干部自然就要带头树立公共意识，尊重公共利益。权力涉及的都是全体公民所有的公共资源，不能被个人用来做人情，不能慷公家之慨。干部的诚信，必须先对得起国家和人民赋予的权力，不能假公济私。同时，党员干部还要带头树立法治精神，维护公平正义。依法行政就是秉公办事，就是维护群众平等自由的权利。我们党始终强调党员干部提高运用法治思维和法治方式办事的能力，要求党员干部有公平正义的信念和勇气，不能为了上级、同事或亲友的利益，从利己出发，用说情、公关等手段干扰执法。

其次，党员干部要坚持党的宗旨和群众观，始终摆正自己的位置，既要尊重群众，相信群众，向群众学习，又要严于律己，发挥先锋模范作用。之前，我们开展以为民务实清廉为主要内容的党的群众路线教育实践活动，这是保持党的纯洁性的重大建设活动，对引领社会风气具有现实意义。

坚持党的群众观，一要遏制“官本位”意识的蔓延。“官本位”意识是封建的权力观和地位观的残余，利用自身强势地位维护自身利益，与党的宗旨直接对立。一方面表现为奴性，一味奉承上级，不讲实话、实情，不讲法规、原则，对上面的旨意过度执行；另一方面表现为官腔，脸难看、口气大，敷衍塞责、应付群众，办事推诿拖沓，不肯担当。为人民服务就得解决群众诉求，及时作出办复意见，并对办复意见承担责任，坚持原则，不因人而异，不因时而异，不抱侥幸心理。有了这种对群众负责的信念，党员干部在公务活动中自然就会有亲和力和公信力，社会诚信自然就会提升。

二要清理整顿特权和灰色待遇。特权和灰色待遇极易使党员干部脱离群众。各种岗位应有的待遇，无可厚非。但有待遇不等于有特权，特权是因权力而占有特殊的待遇。所谓特殊的待遇，既有内容标准问题，更有规范化和透明度问题。特权意识是有历史和社会基础的，党员干部享受特权会直接影响社会风气。所以，对于长期习以为常的各种公共待遇，应该逐一清理，合理的待遇保留，该放弃的坚决放弃，杜绝那些似是而非的灰色事项。

三要发挥群众的监督作用。尊重群众就得使群众意见有用，群众意见有用，就能督促党员干部联系群众，尊重群众，对群众负责。在党员干部选拔考核中，不仅要听取群众评价，更要有适当的方式，获取最真实的意见，让提意见的群众没有后顾之忧，对那些群众意见比较多的人进行处理，这是贯彻群众路线中相当重要的原则。

第二节　八项规定是一个切入口和动员令

八项规定，是指中共中央政治局 2012 年 12 月 4 日召开会议审议通过的《中央政治局关于改进工作作风、密切联系群众的八项规定》。

八项规定体现了党中央全面从严治党的根本要求，反映了党中央改进工作作风的坚定信念，反映出中国未来施政的动向。八项规定是党中央向全党和全国人民作出的一个庄严承诺。八项规定出台后，党中央领导同志特别是习近平总书记以身体力行的方式，为端正党风政风率先垂范，极大地推动了党风廉政建设的进一步加强。改进工作作风，绝不是一时兴起，而是会持之以恒地开展下去。

一、八项规定的基本内容

概括地说，八项规定的主要内容如下。

一要改进调查研究，到基层调研要深入了解真实情况，总结经验、研究问题、解决困难、指导工作，向群众学习、向实践学习，多同群众座谈，多同干部谈心，多商量讨论，多解剖典型，多到困难和矛盾集中、群众意见多的地方去，切忌走过场、搞形式主义；要轻车简从、减少陪同、简化接待，不张贴悬挂标语横幅，不安排群众迎送，不铺设迎宾地毯，不摆放花草，不安排宴请。

二要精简会议活动，切实改进会风，严格控制以中央名义召开的各类全国性会议和举行的重大活动，不开泛泛部署工作和提要求的会，未经中央批准一律不出席各类剪彩、奠基活动和庆祝会、纪念会、表彰会、博览会、研讨会及各类论坛；提高会议实效，开短会、讲短话，力戒空话、套话。

三要精简文件简报，切实改进文风，没有实质内容、可发可不发的文件、简报一律不发。

四要规范出访活动，从外交工作大局需要出发合理安排出访活动，严格控制出访随行人员，严格按照规定乘坐交通工具，一般不安排中资机构、华侨华人、留学生代表等到机场迎送。

五要改进警卫工作，坚持有利于联系群众的原则，减少交通管制，一般情况下不得封路、不清场闭馆。

六要改进新闻报道，中央政治局同志出席会议和活动应根据工作需要、新闻价值、社会效果决定是否报道，进一步压缩报道的数量、字数、时长。

七要严格文稿发表，除中央统一安排外，个人不公开出版著作、讲话单行本，不发贺信、贺电，不题词、题字。

八要厉行勤俭节约，严格遵守廉洁从政有关规定，严格执行住房、车辆配备等有关工作和生活待遇的规定。

从八项规定的主要内容来看，都是日常工作中的一些具体问题，甚至是长期以来被人们视为细小琐事的问题。我国有句古语，“勿以恶小而为之”。现实生活中有一个妇孺皆知的道理：蚁穴虽小，能毁万里长堤。从这个意义上看，日常工作中的具体事情，的确都是事关党的工作作风的大事。把这八项规定落实到位了，就能从源头上有效预防和避免各种不正之风和腐败现象。八项规定出台之后，党中央领导同志特别是习近平总书记带头执行、率先垂范，各地也大力整饬工作作风，摒弃官僚主义、形式主义。“八项规定”已经成为烙印在广大党员干部心中的关键词。曾经，上百个文件管不住一张嘴；如今，八项规定深入人心，成为党员干部的行动自觉。各地结合实际深入贯彻落实中央八项规定精神，抓实抓严抓常，动真碰硬、抓早抓小，向实处发力，以钉钉子精神推动作风建设步步深入，将作风建设不断推向新高度，深刻改变党风政风，赢得了群众的拥护和信赖，厚植了党的执政之基。由此可见，落实八项规定在全党范围内取得显著成效。

二、让八项规定在实践中发挥长效作用

自八项规定颁布以来，已经取得很好的社会效果。领导人出行不封路，从全国两会到各地两会，均不再摆鲜花，而是开短会，厉行节俭。一些地方高端餐饮、奢侈品消费数据的下降，都证明了八项规定的威力。从中央到地方，贯彻落实八项规定所取得的成效，民众也都看得见。但是，逆水行舟，一篙不可放缓；滴水穿石，一滴不可弃滞。从近年来落马的腐败分子看，他们走向腐化堕落，几乎都经历了从无到有、从小到大、从违纪到违法的过程，而最初的违纪行为，一定程度上都违背了中央八项规定精神。八项规定不是一阵风，不是一场有“开幕式”和“闭幕式”的“运动会”。贯彻落实中央八项规定精神，必须始终不松不懈。在我们党的历史上，出台的党规党纪在实践中或被打了折扣，或不能坚持持久，甚至拒不贯彻落实的现象并不少见。所以有的人形成了一种看法：听着上面的精神很好，但最终做出来却不是那么回事。实践中，在各地落实八项规定的过程中，仍然存在一些不好的苗头。一些地方政府、官员对落实八项规定不以为意。有些人打着“别撞到枪口上”的算盘，想“躲过风头”再说，随着时间推移，一些地方甚至已经故态复萌。还有的人认为“上有政策，下有对策”。一些地方已经出现了躲避监督的新对策，比如，“有人结账分着开几张发票”“一些车辆的车牌用免费停车的牌子挡了起来”“一些公款聚会已转到内部食堂和内部接待点”……

为防止八项规定成为“一阵风”和“走形式”，使之发挥长效作

用，习近平总书记强调："八项规定既不是最高标准，更不是最终目的，只是我们改进作风的第一步，是我们作为共产党人应该做到的基本要求。"[①] 各级领导干部要以身作则，说到的就要做到，承诺的就要兑现。要坚持勤俭办一切事业，坚决反对讲排场比阔气，坚决抵制享乐主义和奢靡之风。俗话说"上梁不正下梁歪，中梁不正倒下来"，作风好不好，关键看领导。头头抓、抓头头，一级带一级。改进作风要从领导干部做起，因为，作风建设的组织者、管理者、推动者是领导干部，领导干部的行动是无声的号召，不管什么事情，只要领导干部带头做，群众和党员在潜意识里就会向领导干部看齐。可以说，领导干部是作风建设的"火车头"和风向标。实践证明，在作风建设问题上，的确需要领导干部起模范带头作用。领导干部是党和国家的中坚力量和骨干，其作风好坏对党风政风和整个社会风气都具有导向作用。

第三节　以踏石留印、抓铁有痕的劲头抓下去

"踏石留印""抓铁有痕"，原指人们踏石、抓铁要留下印记、痕迹，比喻做事情一丝不苟，严肃认真，不达目标不罢休。习近平总书记借用"踏石留印""抓铁有痕"作喻，意在强调我们党持续深入抓作风建设的坚定决心。近年来，随着中央八项规定精神落地落实，当初对其抱有"过一阵就不管了"幻想的人越来越清醒地认识到，八项

① 《习近平关于全面从严治党论述摘编》，中央文献出版社 2016 年版，第 149 页。

规定不是“一阵风”，不是挂在墙上、放在案上的摆设，而是实打实的转作风、树新风的利器，谁胆敢触碰，就要被严肃处理。八项规定是新形势聚焦作风建设的“第一把火”。政治生态悄然改变，党风政风明显改善、民风社风为之一新。但能否长久地坚持下去，让八项规定真正入脑入心，是人们最关心的问题。“冰冻三尺，非一日之寒。”领导干部作风诟病也是长期逐渐形成的，甚至一些地方还穿上隐身衣、躲进青纱帐，要不就是说一套做一套，搞“上有政策，下有对策”。领导干部的作风整顿就像是拉弹簧，拉一拉就紧了，放一放就松了。或许还有人持观望态度和侥幸心理，认为这是“一阵风”。因此，八项规定要常抓不懈，否则一旦松懈，就可能让不良作风乘虚而入、卷土重来。

一、八项规定体现了党的建设的内在规律

八项规定不是“一阵风”，作风建设也永远没有休止符。“作风建设永远在路上”，这是习近平总书记在新时代对作风问题的科学判断。八项规定为什么能够产生如此重要的作用和深远的影响？

首先，它体现了党的建设的内在规律。党的建设是一个伟大工程，在长期推进过程中已经形成了很多内在规律，深刻认识和把握这些规律，对于我们在现实中加强党的建设、有效管党治党具有重要意义。按照这些规律的要求去做，我们就牵住了“牛鼻子”。八项规定所体现的，就是党的作风建设中领导干部必须以身作则这样一条重要规则。八项规定从领导干部入手，特别是从高级领导干部入手，在作风建设上给中央政治局成员作出明确规定，在全党产生了极大的引领

和示范效应。深刻把握党的建设规律，严格按照规律办事的科学思想方法和工作方法，是我们进一步推进全面从严治党要认真学习和始终坚持的。

其次，八项规定抓住了广大党员干部和广大群众最关注、反映最强烈、与人民群众现实生活联系最紧密的问题。管党治党是为了保证党能够更好地为人民谋利益，只有抓住了这些问题，解决好了这些问题，才能更好地体现我们党立党为公、执政为民的执政理念，才能保证各级党组织和广大党员干部在实际工作中更好联系群众，为人民办事，夯实党的执政基础。这些年来，不管在什么地方，不管是哪个领域，谈到全面从严治党，“八项规定”一定是高频词语。许多老百姓即使不能完全讲清楚规定的具体内容，但都知道这是管党治党的重要规定。

最后，在八项规定贯彻执行中，体现了制度建设的系统化要求。我们看到，围绕八项规定的贯彻落实，我们党采取了一系列重要举措，制定了一系列具体制度。按照中央要求，各地区各部门普遍结合实际，制定了贯彻落实中央八项规定精神的实施办法、细则及配套制度。党中央管党治党的制度体系不断健全完善，体制机制改革不断深化。盯紧中央八项规定精神落实，体现了党中央管党治党的坚定决心、坚强态度、坚决行动。一段时间以来，有一些党员干部存在错误思想认识：有的认为纠治“四风”是“一阵风”，还有的抱有侥幸心理。党的十八大以来全面从严治党的实践告诉人们，这些思想认识是完全错误的。以习近平同志为核心的党中央以非凡的政治勇气和历史担当，顺应社会要求和人民意愿，义无反顾地坚持推进全面从严治党，不断巩固管党治党的成果，使党的建设开创了新局面。

二、作风问题要一直坚持不懈抓下去

我们知道，“由俭入奢易，由奢入俭难”，是古人早就得出的结论。这个结论运用到党的作风问题上也是适合的，作风建设如逆水行舟，一篙不可放缓。好的作风需要一步一步培育，要固定下来更是不易，会受到这样那样的消极因素的影响，可以说，“形成优良作风不可能一劳永逸”，需要长期坚持，需要所有人共同努力和倡导。但不好的作风的传染性很强，好的作风很容易受到不好的作风的影响。想要纠正不良的作风，要花费很大的气力。因为不良的作风往往根深蒂固，需要强有力的手腕去抓、去纠正，纠正之后又容易反复，需要一直坚持不懈抓下去。正如习近平总书记所说，“作风问题具有顽固性和反复性”①，“如果前热后冷、前紧后松，就会功亏一篑”②，必须保持常抓的韧劲、长抓的耐心。

作风建设需要抓常，就是要“经常抓、抓经常”。作风问题体现在工作的方方面面，并不是孤立的存在。为了不使抓作风成为“两张皮”，就需要切实把作风与日常的工作联系起来，融入日常工作而不能脱离工作实际，以抓作风促进工作，这样才能确保收到实效。抓常就是要形成常态，决不能如“一阵风”，否则就会反弹，必须落实到工作的每一个环节，不留盲点和死角，以抓工作强化作风建设。作风建设要抓细，“天下难事，必作于易；天下大事，必作于细”。“小洞不补，大洞受苦。”细节决定成败，作风建设不能大而化之，抓作风

① 《习近平关于党的群众路线教育实践活动论述摘编》，党建读物出版社、中央文献出版社 2014 年版，第 64 页。

② 《习近平谈治国理政》第 1 卷，外文出版社 2018 年版，第 381 页。

要抓住隐藏在工作细节中的问题，从小事抓起，尤其是群众反映的小问题，要把作风隐患消除在萌芽状态。因为一些小事、小节看似不大，但其中体现出来的作风问题并不小。如果不抓细，小事就会积累、演变成大问题，从而形成不良的作风损害党的肌体健康。作风问题要抓长，就是要打攻坚战和持久战。要从思想上充分认识到作风问题的长期性，做好长期作战的心理准备，杜绝“三天打鱼，两天晒网”的情况出现。要做好力度不减、温度不降的准备，对待作风问题要发扬钉钉子精神，拧紧“螺丝扣”，在力度上决不能有半点松懈，否则就会反弹，甚至会“吞噬”已经取得的成效。

作风建设是永恒课题，作风建设既要治标也要治本，这就需要发挥制度的威力。在作风建设中取得的成果，要及时用制度的形式巩固下来，为作风建设形成长效化保障。同时，还要不断完善作风方面的各项制度，用制度管住干部的行为，以刚性的制度来遏制不良作风的反复，防止腐败现象的出现。坚决杜绝“破窗效应”，维护制度的严肃性、权威性，使党的作风在制度的约束下持久地保持良好的状态。

本章阅读材料

落实中央八项规定精神是一场攻坚战、持久战

党的十八大以来，全面从严治党取得显著成效，但仍然任重道远。落实中央八项规定精神是一场攻坚战、持久战，要坚定不移做好工作。要做到惩治腐败力度决不减弱、零容忍态度决不改变，坚决打赢反腐败这场正义之战。要敢于坚持原则，完善配套措施，推动问责

制度落地生根。要积极稳妥推进国家监察体制改革，加强统筹协调，做好政策把握和工作衔接。各级纪委要强化自我监督，自觉接受党内和社会监督，建设一支让党放心、人民信赖的纪检干部队伍，为全党全社会树起严格自律的标杆。各级党委要认真落实党中央关于换届工作的部署，坚持党管干部原则不动摇，加强领导，严格把关，严肃纪律，确保换届工作正确方向。

——《习近平在十八届中央纪委七次全会上发表重要讲话强调 全面贯彻落实党的十八届六中全会精神 增强全面从严治党系统性创造性实效性》,《人民日报》2017 年 1 月 7 日。

党的十八大以来，我们直面党内存在的种种问题和弊端，从制定和执行中央八项规定破题，解决了新形势下作风建设抓什么、怎么抓的问题，推动了全面从严治党，推动了党风、政风、社风好转。党的十九大之后，我们针对新情况新问题，修订了中央八项规定实施细则，继续落实中央八项规定精神。中央政治局的同志要带头严格执行中央八项规定精神，同时要从严抓好分管地方和部门贯彻执行中央八项规定精神的工作。要聚焦突出问题、紧盯关键节点，下大气力解决“四风”问题，不能虎头蛇尾，不能搞成“半拉子工程”，更不能搞形式走过场。

——《中共中央政治局召开民主生活会强调 树牢“四个意识”坚定“四个自信”坚决做到“两个维护”勇于担当作为 以求真务实作风把党中央决策部署落到实处》,《人民日报》2018 年 12 月 27 日。

制定实施中央八项规定，是我们党在新时代的徙木立信之举，必须常抓不懈、久久为功，直至真正化风成俗，以优良党风引领社风民风。要继续纠治享乐主义、奢靡之风，把握作风建设地区性、行业性、阶段性特点，抓住普遍发生、反复出现的问题深化整治，推进作风建设常态化长效化。要把纠治形式主义、官僚主义摆在更加突出位置，作为作风建设的重点任务，研究针对性举措，科学精准靶向整治，动真碰硬、务求实效。

——《习近平在二十届中央纪委二次全会上发表重要讲话强调 一刻不停推进全面从严治党 保障党的二十大决策部署贯彻落实》，《人民日报》2023 年 1 月 10 日。

第四章

持续纠治“四风”，把纠治形式主义、官僚主义摆在更加突出的位置

早在 2013 年 6 月 18 日召开的党的群众路线教育实践活动工作会议上，习近平总书记就强调，这次教育实践活动的主要任务聚焦到作风建设上，集中解决形式主义、官僚主义、享乐主义和奢靡之风这“四风”问题。2023 年 4 月 3 日，习近平总书记在学习贯彻习近平新时代中国特色社会主义思想主题教育工作会议上的讲话中再次强调，要持续纠治“四风”，把纠治形式主义、官僚主义摆在更加突出的位置。

第一节 “四风”是损害党群干群关系的重要根源

形式主义、官僚主义、享乐主义和奢靡之风这“四风”，是违背我们党的性质和宗旨的，是当前群众深恶痛绝、反映最强烈的问题，也是损害党群干群关系的重要根源。“四风”问题解决好了，党内其他问题解决起来也就更容易了。

一、“四风”问题的主要表现

“四风”问题的产生有多方面的原因，其表现形式也是多样的：在形式主义方面，主要是知行不一、不求实效，文山会海、花拳绣腿，贪图虚名、弄虚作假。有的不认真学习党的理论和做好工作所需要的知识，学了也是为应付场面，蜻蜓点水，浅尝辄止，不求甚解，无心也无力在实践中认真运用。有的习惯于以会议落实会议、以文件落实文件，热衷于造声势、出风头，把安排领导出场讲话、组织发新闻、上电视作为头等大事，最后工作却不了了之。有的抓工作不讲实效，不下功夫解决存在的矛盾和问题，难以给领导留下印象的事不做，形不成多大影响的事不做，工作汇报或年终总结看上去不漂亮的事不做，仪式一场接着一场，总结一份接着一份，评奖一个接着一个，最后都是“客里空”。有的下基层调研走马观花，下去就是为了出镜头、露露脸，坐在车上转，隔着玻璃看，只看“门面”和“窗口”，不看“后院”和“角落”，群众说是“调查研究隔层纸，政策执行隔座山”。有的明知报上来的是假情况、假数字、假典型，也听之任之，甚至通过挖空心思造假来粉饰太平。

在官僚主义方面，主要是脱离实际、脱离群众，高高在上、漠视现实，唯我独尊、自我膨胀。有的对实际情况不了解不关注，不愿深入困难艰苦地区，不愿帮助基层和群众解决实际问题，甚至不愿同基层和群众打交道，怕给自己添麻烦，工作上敷衍塞责、推诿扯皮、得过且过。有的不顾地方实际和群众意愿，喜欢拍脑袋决策、拍胸脯表态，盲目铺摊子、上项目，最后拍屁股走人，留下一堆“后遗症”。有的对上吹吹拍拍、曲意逢迎，对下吆五喝六、横眉竖目，门难进、脸难看、事难办，甚至不给钱不办事，收了钱乱办事。有的对待上级部署囫囵吞枣、断章取义，执行上级决定照本宣科、等因奉此，或者照猫画虎、生搬硬套，以前怎么做就怎么做，别人怎么做就怎么做，完全不顾本地区本部门的实际情况。有的官气十足、独断专行，老子天下第一，一切都要自己说了算，拒绝批评帮助，容不下他人，听不得不同意见。

在享乐主义方面，主要是精神懈怠、不思进取，追名逐利、贪图享受，讲究排场、玩风盛行。有的意志消沉、信念动摇，奉行及时行乐的人生哲学，“今朝有酒今朝醉”，“人生得意须尽欢”。有的追求物质享受，情趣低俗，玩物丧志，沉湎于花天酒地，热衷于灯红酒绿，纵情于声色犬马。有的拈轻怕重，安于现状，不愿吃苦出力，满足于现有学识和见解，陶醉于已经取得的成绩，不立新目标，缺乏新动力，“清茶报纸二郎腿，闲聊旁观混光阴”。

在奢靡之风方面，主要是铺张浪费、挥霍无度，大兴土木、节庆泛滥，生活奢华、骄奢淫逸，甚至以权谋私、腐化堕落。有的修建豪华气派的办公大楼，甚至占地上百亩、耗资几亿元，搞得富丽堂皇，吃喝玩乐一应俱全。有的热衷于造节办节，节庆泛滥成灾，动辄花费几百万元、几千万元，劳民伤财。有的热衷于个人享受，住房不厌其大其多，车子不厌其豪华，菜肴不厌其精美，穿戴讲究名牌，对超出规定的生活待遇安之若素，还总嫌不够。有的要求超规格接待，住高档酒店，吃山珍海味，喝美酒佳酿，觥筹交错之后还要“意思意思”。有的兜里揣着价值不菲的会员卡、消费卡，在高档会馆里乐不思蜀，在高级运动场所流连忘返，在名山秀水间朝歌夜弦，在异国风情中醉生梦死，有的甚至到境外赌博场所挥金如土。有的作风不检点，甚至道德败坏、生活放荡，不以为耻，反以为荣。

二、“四风”问题对党风建设影响巨大

有些同志可能会认为，“四风”问题不是今天才有，也不是通过

一次整风就能完全解决的，执政党更需要的是通过制度设计拉近党群关系。这些同志的担心不无道理。但应该看到，强调通过制度设计来拉近党群关系虽然对，但绝不是一蹴而就的，任何制度的设计都有一个过程。而我们的党风建设不能等到制度构建完成后才进行，必须“踏石留印、抓铁有痕”，以实实在在的作风建设，解决广大人民群众最关心的问题，以新的形象获得广大人民群众的拥护和支持。如果按兵不动，做表面文章，或者满足于高谈阔论、故弄玄虚，那就离人民群众的要求差了十万八千里，久而久之，被人民群众抛弃也就是必然的了。

首先，不解决“四风”问题，人民群众就不会和我们在一起。早在 2012 年党的十八大提出的要在全党深入开展以为民务实清廉为主要内容的党的群众路线教育实践活动，就是要把为民务实清廉的价值追求深深植根于全党同志的思想和行动中，使全党同志牢记并恪守全心全意为人民服务的根本宗旨，以优良作风把人民群众紧紧凝聚在一起。这是因为，改革开放以来，经过全党努力，党的作风总体是好的，党的思想路线、政治路线和精神面貌是好的。但也应该看到，某些党员干部在思想作风方面存在着一些不符合新的形势发展要求的突出问题，这些问题严重损害了党在人民群众中的威信，严重影响了党和政府同人民群众的关系，制约着改革开放和社会主义现代化建设的进程。这些问题突出表现为“四风”不正，即一些领导干部中存在严重的形式主义、官僚主义、享乐主义和奢靡之风。“四风”是违背党的性质和宗旨的，是群众深恶痛绝、反映最强烈的问题，也是损害党群干群关系的重要根源。抓住了“四风”问题，就能找准穴位、抓住要害，有的放矢、对症下药。但是“四风”问题由来已久，具有顽固性和反复性，必须充分运用历史上作风建设的好经验，下大决心用整风精神解决这一问题。

早在1945年党的七大上，毛泽东就指出："以马克思列宁主义的理论思想武装起来的中国共产党，在中国人民中产生了新的工作作风，这主要的就是理论和实践相结合的作风，和人民群众紧密地联系在一起的作风以及自我批评的作风。"[①]"在一起"三个字，道出了中国共产党和广大人民群众的关系。作为一个政党，中国共产党不是资本主义社会里由少数精英组成的选举团队，而是始终和广大人民群众联系在一起的工人阶级先锋队组织。中国共产党在100多年革命、建设、改革的历史进程中，之所以能够战胜各种困难、风险和挑战，关键在于赢得了人民群众的信赖、拥护和支持，什么时候我们党的群众路线执行得好，党群关系密切，我们的事业就顺利发展；什么时候我们党的群众路线执行得不好，党群关系受到损害，我们的事业就遭受挫折。因此，紧紧地和广大人民群众在一起、坚定不移地做好群众工作是我们党取得一切胜利的根本。

其次，刹住"四风"蔓延势头，才能带动社会风气整体好转。我们党是马克思主义政党，从成立的那天起，就把全心全意为人民服务作为党的根本宗旨，为实现中国人民的彻底解放而奋斗。形式主义、官僚主义、"假大空"，历来是中国共产党人所反对的。对人民群众的要求视而不见，对人民群众的实践经验敷衍塞责，这绝对不是共产党人应有的态度。开展党的群众路线教育实践活动，就是要抓紧研究解决本地区本部门改革发展稳定中的重大问题，抓紧研究解决群众生

① 《毛泽东选集》第3卷，人民出版社1991年版，第1093—1094页。

活中的紧迫问题，抓紧研究解决党的建设中存在的突出问题，深入了解群众在想什么、盼什么，拥护什么、反对什么，努力实践，扎实工作，真正做到同广大人民群众同呼吸、共命运、心连心，全心全意为人民服务，推动党和国家事业实现新发展、开创新局面。

我们努力推进实现第二个百年奋斗目标，我们欣喜地看到了党风建设初步达到了我们开始的预期。这主要表现在，通过党的群众路线教育实践活动，刹住了“四风”蔓延势头，带动了社会风气整体好转。以前，一些干部沉溺于吃喝玩乐，讲排场比阔气，挥霍公款，吃拿卡要，出入于楼堂馆所、高档会所。一些干部忙于文山会海，工作就是开会，开会就是工作，层层开会、层层发文、层层传达，只对上负责，不对下负责。一些干部热衷于搞劳民伤财的政绩工程、形象工程，欺上瞒下，享乐主义、奢靡之风严重。在这种对腐败作风零容忍的形势下和带电的“高压线”面前，如果谁再想碰，那就是与全民为敌。不仅如此，党的群众路线教育实践活动对广大党员、干部来讲，更是一个警醒。因为只有贯彻整风精神，对作风之弊、行为之垢进行有效的大排查、大检修、大扫除，才能祛歪风、压邪气，倡新风、树正气，达到“强身健体”和自我净化、自我完善、自我革新、自我提高的目的。这次活动按照“照镜子、正衣冠、洗洗澡、治治病”的总要求，广大党员、干部用批评和自我批评这个有力武器，抛开面子，揭短亮丑。不马虎敷衍，不文过饰非，既深刻剖析和检查自己，又开展诚恳的相互批评。既“红红脸、出出汗”，又明确整改方向。对作风方面存在问题的党员、干部教育提醒，对问题严重的进行查处，对不正之风和突出问题进行专项治理，切实体现从严治党要求。党员、干部更应当经常解剖自己的世界观、人生观、价值观，经常查找自身存在的不符合党和人民利益要求的缺点不足，自觉清除思想上的灰尘杂质和心灵上的污垢，做到不为私心所扰、不为名利所累、不为物欲所惑，堂堂正正做人、清清白白做事、老老实实做官，保持政治坚定、作风优良、纪律严明、勤政为民、清正廉洁。党员、干部要坚守共产党人的精神家园，始终保持政治上的清醒和坚定，在思想上政治上行动上始终同党中央保持高度一致，不断提升从政道德水平，把全心全意为人民服务的根本宗旨贯彻到恪尽职守、秉公用权的行动中，永远和人民在一起。

三、紧紧抓住反对“四风”的重点

“反对形式主义，重在解决作风飘浮、工作不实，文山会海、表面文章，贪图虚名、弄虚作假等问题。反对官僚主义，重在解决脱离实际、脱离群众，消极应付、推诿扯皮，作风霸道、迷恋特权等问题。反对享乐主义，重在解决追名逐利、贪图享受，讲究排场、玩物丧志等问题。反对奢靡之风，重在解决铺张浪费、挥霍无度，骄奢淫逸、腐化堕落等问题。”“四风”的表现形式还有很多，《关于新形势下党内政治生活的若干准则》首先抓矛盾的主要方面，列出“四风”最典型的表现形式，目的是抓住要害、突出重点。这些群众反映最强烈的重点问题不解决，就难以取信于民。

充分认识反对“四风”的长期性、复杂性、艰巨性。作风建设永远在路上，反对“四风”不可能一蹴而就、毕其功于一役。习近平总书记指出，横下一条心纠正“四风”，常抓抓出习惯、抓出长效。[①]“四风”的产生有其深刻的历史渊源和现实背景，“四风”赖以生

① 《习近平关于全面从严治党论述摘编》，中央文献出版社 2016 年版，第 165 页。

存的土壤还没有完全铲除，防止“四风”的制度体系还有待进一步完善，遏制“四风”的社会环境还需进一步营造，“四风”的变异形式还会长时间存在。必须以踏石留印、抓铁有痕的劲头常抓不懈，切实把落实中央八项规定精神抓住不放，及时严厉查处各种顶风违纪违规行为，特别要坚决反对和纠正各种隐性、变异的不良作风问题。

第二节　纠正“四风”不能止步

纠正“四风”不能止步，反对“四风”是一项长久而艰巨的斗争。解决“四风”问题既要治标又要治本，坚持一以贯之，从具体问题抓起，该纠正的纠正，该禁止的禁止。

一、“四风”问题具有反复性

纠正“四风”切不可有喘口气、歇歇脚的想法，必须锲而不舍抓下去、抓到底。2016 年，党的十八届六中全会通过的《关于新形势下党内政治生活的若干准则》指出：“全党必须坚决反对形式主义、官僚主义、享乐主义和奢靡之风，领导干部特别是高级干部要以身作则。”这是贯彻党的群众路线、密切党同人民群众的血肉联系的必然要求，也是全面从严治党、严格党内政治生活的必然要求。

第一，要深刻认识“四风”的危害。马克思主义执政党最大的危险是脱离群众。我们党始终强调，执政党的党风关系党的形象，关系人心向背，关系党的生死存亡。加强和改进党的作风建设，核心问题是保持党同人民群众的血肉联系。形式主义、官僚主义、享乐主义和奢靡之风，是违背我们党的性质和宗旨的，是群众深恶痛绝、反映最强烈的问题。

第二，要深刻认识反对“四风”的重点。《关于新形势下党内政治生活的若干准则》指出：“反对形式主义，重在解决作风飘浮、工作不实，文山会海、表面文章，贪图虚名、弄虚作假等问题。反对官僚主义，重在解决脱离实际、脱离群众，消极应付、推诿扯皮，作风霸道、迷恋特权等问题。反对享乐主义，重在解决追名逐利、贪图享受，讲究排场、玩物丧志等问题。反对奢靡之风，重在解决铺张浪费、挥霍无度，骄奢淫逸、腐化堕落等问题。”这就清楚地表明，反对“四风”要抓住要害，突出重点。

第三，要深刻认识反对“四风”的长期性、复杂性、艰巨性。作风建设永远在路上，反对“四风”不可能一蹴而就、毕其功于一役。正如《关于新形势下党内政治生活的若干准则》指出的：“坚持抓常、抓细、抓长，特别是要防范和查处各种隐性、变异的‘四风’问题，把落实中央八项规定精神常态化、长效化。”

第四，坚决反对“四风”既要治标，也要治本。必须进一步重视加强思想道德教育，大力弘扬社会主义核心价值观，大力弘扬党的优良传统和作风，大力弘扬中华优秀传统文化。我们党在长期实践中形成的理论联系实际、密切联系群众、批评和自我批评三大作风，谦虚谨慎、艰苦奋斗等优良作风，是我们党的光荣传统和政治优势，必须发扬光大。中华优秀传统文化，是我们的精神财富，必须传承好、发展好。坚持不懈抓好思想道德教育，全党全社会的风气必然大大好转。

党的十八大之后，从制定和执行八项规定开始，经过党的群众路线教育实践活动，全党上下纠正“四风”取得重大成效，但形式主义、官僚主义在一定程度上仍然存在。这些问题，正如习近平总书记所指出的，“看似新表现，实则老问题”[①]。2017年底，习近平总书记就查摆和纠正形式主义、官僚主义问题作出重要指示，强调“纠正‘四风’不能止步，作风建设永远在路上”[②]，再次向全党发出强烈号召——坚定不移全面从严治党，驰而不息坚持改进作风。

2017年12月，习近平总书记就新华社文章《形式主义、官僚主义新表现值得警惕》作出指示。该文章反映，党的十八大以来，从制定和执行八项规定开始，全党上下纠正“四风”取得重大成效，但形式主义、官僚主义在一定程度上仍然存在，如：一些领导干部调研走过场、搞形式主义，调研现场成了“秀场”；一些单位“门好进、脸好看”，就是“事难办”；一些地方注重打造领导“可视范围”内的项目工程，“不怕群众不满意，就怕领导不注意”；有的地方层层重复开会，用会议落实会议；部分地区写材料、发文件机械照抄，出台制度决策“依葫芦画瓢”；一些干部办事拖沓敷衍、懒政庸政怠政，把责任往上推；一些地方不重实效重包装，把精力放在“材料美化”上，搞“材料出政绩”；有的领导干部热衷于将责任下移，“履责”变“推责”；有的干部知情不报、听之任之，态度漠然；有的干部说一套做一套、台上台下两个样。习近平总书记强调，纠正“四风”不能止步，作风建设永远在路上。各地区各部门都要摆摆表现，找找差距，抓住主要矛盾，特别要针对表态多调门高、行动少落实差等突出问

① 《习近平谈治国理政》第3卷，外文出版社2020年版，第499页。

② 《习近平谈治国理政》第3卷，外文出版社2020年版，第499页。

题，拿出过硬措施，扎扎实实地改。各级领导干部要带头转变作风，身体力行，以上率下，形成“头雁效应”。在即将开展的“不忘初心、牢记使命”主题教育中，要力戒形式主义，以好的作风确保好的效果。①

2017 年 12 月 9 日，中共中央办公厅印发通知指出，习近平总书记的这一重要指示，一针见血、切中时弊，内涵丰富、要求明确，充分表明了以习近平同志为核心的党中央坚定不移全面从严治党、持之以恒正风肃纪的鲜明态度和坚定决心，对于加强党的作风建设具有重要指导意义。

通知要求，各地区各部门要迅速传达学习并切实抓好贯彻落实。要认真组织党员、干部学习讨论习近平总书记的重要指示，深刻领会指示的内容和精神实质，牢固树立“四个意识”，不断提高政治站位和政治自觉，以永远在路上的坚韧锲而不舍抓好作风建设；各地区各部门年底召开民主生活会和组织生活会，要把贯彻落实中央八项规定精神、转作风改作风情况作为对照检查的重要内容，切实按照习近平总书记的重要指示要求，认真查找“四风”突出问题特别是形式主义、官僚主义的新表现，采取过硬措施，坚决加以整改，务求取得实效；要坚持从各级领导干部做起，以上率下、层层带动，继续紧盯元旦、春节等时间节点，从一件件小事抓起，坚决防止不良风气反弹回潮，不断巩固和拓展落实中央八项规定精神的成果。

---

① 《习近平谈治国理政》第 3 卷，外文出版社 2020 年版，第 499 页。

二、作风建设贵在常抓不懈

反对“四风”是一项长久而艰巨的斗争。在新时代，必须警惕和力戒很多披上“新外衣”的形式主义，作风建设贵在常抓不懈，要从体制机制层面进一步破题，为作风建设形成长效化保障。

一是坚持求真务实，解决形式主义问题。求真务实与形式主义是相对立的两个性质不同、效果不一的概念。求真务实是人民群众对党员干部的迫切要求、衷心期盼，形式主义则被人民群众深恶痛绝、千夫所指。但是，形式主义因其表面文章做得“好”，在短时期内很容易蒙蔽人的耳目，从而使搞形式主义的人获得一时的荣誉和利益，因此在任何时候都有一些人热衷追求于此。一定要充分认识形式主义的实质和危害，提高反对形式主义、倡导求真务实的思想认识。

“形式”与“形式主义”是两个不同的概念。形式是外在的表现，任何工作都需要以其形式展现，没有形式，内容就无法表现出来。就形式本身而言，它没有对与错、是与非之分。合于内容的形式，能较好地表现内容并促进内容的发展。灵活的形式，有利于深化内容、拓展内容、丰富内容，正确运用形式，可以起到示范导向作用、宣传鼓动作用，调动群众积极性，推动工作。形式主义是指片面注重形式，不管事物本质、内容和效果的工作作风与思想方法。形式主义经常披着合情合理的外衣，但它违背了内容决定形式、形式服务于内容的科学原则，把形式的作用夸大到不恰当的地步，把形式搞过了头、过了度。不管干什么都想着表现给领导看、给群众看，用花架子吸引别人的眼球，今天开会搞动员，明天搞研讨，后天总结出“成果”……形式天天有，动作天天搞，但根本没有下功夫抓落实，使工作处于“空转”状态。最终导致劳民伤财、误党误国。形式是客观存在的，形式主义是主观人为的；形式是必需的，形式主义是无用的；形式是朴实的，形式主义是别有用心的。

克服形式主义的根本举措，就是坚持求真务实、争创实绩的工作作风。求真务实，从根本上来说是辩证唯物主义和历史唯物主义一以贯之的科学精神，是我们党的思想路线的核心内容，是我们党的优良传统和共产党人应该具备的政治品格，也是中华民族伦理道德的基本规范。毛泽东在延安时期就要求全党："实事求是，力戒空谈。""当老实人，说老实话，做老实事。"[①] 党员领导干部一定要把求真务实、争创实绩的工作作风付诸实践、见诸行动、取得成效，让人民群众共享改革发展的成果。人民群众对我们每一个干部都会"听其言而观其行"。人民群众不会只听我们嘴上怎么说，而是注重我们怎样干、干得怎么样。只有求真务实，真正从人民群众的利益出发，为人民群众办实事、办好事，实现好、维护好、发展好最广大人民的根本利益，才能把立党为公、执政为民的要求落到实处，才能使我们党始终保持同人民群众的血肉联系，始终得到人民群众的拥护和支持，把党的群众路线落到实处。

二是坚持执政为民，解决官僚主义问题。"官僚"，中国古代指在衙署办事的官吏。什么是官僚主义？官僚主义的要害是脱离实际、脱离群众，热衷于"官本位"，做官当老爷的领导作风。对党和国家的事业不负责，对民族和人民的利益不负责，只对自己或亲属或小团体负责。官僚主义的表现主要是脱离实际、脱离群众，高高在上、漠

---

① 《毛泽东著作专题摘编》（上），中央文献出版社 2003 年版，第 249 页。

视现实，唯我独尊、自我膨胀。人民群众讽刺这些人为：“拍脑袋决策、拍胸脯表态、拍屁股走人。”

中国共产党作为中国最广大人民利益的忠实代表，历来要求党的干部要保持人民公仆的本色，这就表明我们党与官僚主义从本质上是对立的。但是官僚主义是与权力相关联的，如果掌握权力的人没有正确的权力观，就有可能引发官僚主义。所以，我们党在百年历程中，始终把反对官僚主义作为党的建设的一项重要任务，以密切党同人民群众的血肉联系，维护人民群众的正当权益。毛泽东指出：“官僚主义的领导方式，是任何革命工作所不应有的，经济建设工作同样来不得官僚主义。要把官僚主义方式这个极坏的家伙抛到粪缸里去，因为没有一个同志喜欢它。”[①]党的十八大以来，习近平总书记不仅把官僚主义作为“四风”之一，而且强调“四风”之中，官僚主义危害最大。要想刹住“四风”，杜绝官僚主义是关键。反对官僚主义，要着重解决在人民群众利益上不维护、不作为的问题，教育引导党员干部深入实际、深入基层、深入群众，坚持民主集中制，虚心向群众学习，真心对群众负责，热心为群众服务，诚心接受群众监督，坚决整治消极应付、推诿扯皮、侵害群众利益的问题。

反对官僚主义，首先要认识到官僚主义仍然是顽疾。当前在党和国家机关中依然存在种种官僚主义，因此我们决不能对官僚主义掉以轻心，熟视无睹，置之不理，坚持把反对官僚主义列为一项重要的任务，抓紧开展反对官僚主义的斗争，深入持续地继续下去。否则，就难以遏制和克服官僚主义，党和国家机关就会再度出现从“社会公

---

① 《毛泽东选集》第 1 卷，人民出版社 1991 年版，第 124 页。

仆”变为高居人民之上的“社会主人”的逆转。

如果说官僚主义是阴魂，害怕见到光亮的话，公开就是置官僚主义于死地的利器。推进党务公开和政务公开，不但提高了党和政府的政策制定和公共治理的环节、过程的透明度，而且提高了人民群众的知情度和参与度，官僚主义就无处藏身了。党务公开和政务公开，就是要打造“阳光政党”和“阳光政府”，使政党和政府成为“透明政党”“透明政府”。使党务、政务更加公开、透明，使人民群众对党政机关和党员领导干部的职责权限、办事程序、办事结果等能够一目了然，保障了人民群众的知情权、参与权和监督权。

如果说官僚主义的根源在于权力，那么分解权力也就成了避免或减少官僚主义发生的关键。要积极稳妥进行政治体制改革，进一步理顺党与人大、政府、司法机关、群众团体之间的关系。要按照转变政府职能和精简、统一、效能的原则，进行行政体制改革。行政体制改革要进一步切实地转变政府职能，深化行政审批制度改革，减少政府对微观经济活动的干预，加快建设法治政府和服务型政府，塑造良好的党风政风。

官僚主义的主要表现是党员干部脱离实际，脱离群众，所以要教育党员干部树立正确的群众观。党员干部一定要懂得，群众在我们心里的分量有多重，我们在群众心里的分量就有多重。只有真正做到勤政、廉政，全心全意为人民服务，才能得到人民的公认、赞赏和敬重。要破除“官本位”思想，摆正自己与老百姓的位置，坚持以民为本，执政为民，坚持人民的利益高于一切，始终心里装着群众、时刻想着群众，把实现好、维护好和发展好最广大人民的根本利益当作自己应尽的义务，把立党为公、执政为民的理念落实到关心群众生产生活的工作中，勤勤恳恳地为人民办事，老老实实地接受人民的监督，决不能饱食终日，无所用心，做官当老爷，甚至高居于人民群众之上，作威作福，欺压群众。要不断完善干部选拔任用制度，对党性强、作风正、群众公认、政绩突出的干部大胆使用，对庸庸碌碌、无所作为，一门心思比职务、比权力、比级别、比地位的人，甚至跑官、要官、买官的人及时识破，决不能提拔，创造风清气正、公道正派的干部选拔任用氛围。

三是坚持艰苦奋斗，解决享乐主义问题。享乐主义，就是贪图安逸，奢侈浪费，讲排场比阔气，甚至沉溺于灯红酒绿、吃喝玩乐。享乐主义的实质是精神懈怠、不思进取，追名逐利、贪图享受，讲究排场、玩风盛行。

苦和乐是两个相对的概念，艰苦奋斗和享乐主义是两种相对立的工作作风和生活态度。艰苦奋斗光荣，享乐主义可耻。但在我们的党员干部队伍中，却有一些人在思想和实践中艰苦奋斗不足，享乐欲念有余，并由此引发了许多与党的性质和宗旨相背离、与人民群众的愿望相背离、与党纪国法相背离的事件，损害了党的形象和威望，严重影响了党群干群关系，甚至威胁着党的执政地位的巩固和执政使命的实现。因此，党必须大力弘扬艰苦奋斗作风，坚决反对享乐主义。

几千年的中华文明，培育了优秀的民族文化和精神，艰苦奋斗就是其中之一。在这方面古人给我们留下了许多至理名言，如“忧劳可以兴国，逸豫可以亡身”，“滋生骄逸之端，必践危亡之地”，“历览前贤国与家，成由勤俭败由奢”。

中国共产党作为中国人民和中华民族的先锋队，不仅继承了先人所培育起来的艰苦奋斗的优良传统，还结合新的时代特点和实践特征，培育和形成了艰苦奋斗的优良作风。1949 年 3 月，毛泽东在党的七届二中全会上高瞻远瞩地向全党特别是高级干部提出，务必使同志们继续地保持谦虚、谨慎、不骄、不躁的作风，务必使同志们继续地保持艰苦奋斗的作风。党的十八大以来，以习近平同志为核心的党中央，以抓工作作风的改进作为密切党与人民群众联系的突破口，中央政治局成员带头模范执行八项规定，把坚持和弘扬艰苦奋斗作风作为改进工作作风的根本，这都突出了新一届中央领导集体对我们党艰苦奋斗优良作风在新形势下的继承和发展。

总之，无论过去、现在还是将来，艰苦奋斗永远是我们党的优良传统和政治优势，是我们党克服和战胜任何艰难困苦的强大精神动力，是党的立业之本、取胜之道、传家之宝。已有的成就是靠艰苦奋斗取得的，未来的辉煌也要靠艰苦奋斗去创造。

艰苦奋斗，既是一种思想，也是一种行为；既是一种精神状态，也是一种工作作风。在当前新的形势下，必须从思想到实践坚持和弘扬艰苦奋斗的作风。保持和发扬艰苦奋斗精神，根本是牢固树立和坚持马克思主义的世界观、人生观、价值观。保持和发扬艰苦奋斗精神，关键要体现在坚持勤奋工作、兢兢业业地创造一流工作业绩上，体现在带领群众为推动经济发展和社会进步而开拓进取的实际行动中。保持和发扬艰苦奋斗精神，重要的是领导干部发挥带头作用。要带头走出高楼大院，到基层去倾听群众呼声，体察群众情绪，关心群众疾苦，把群众的安危冷暖时刻放在心上，特别是对工作和生活遇到困难的群众要格外关注，重点帮助，让他们感受到党的关怀和政府的温暖。要带头遵循勤俭节约、艰苦创业的原则，量力而行，精打细算，讲求实效，反对讲排场、比阔气、铺张浪费。要与群众同甘共苦，休戚与共，体察民情，了解民意，集中民智，珍惜民力，诚心诚意为群众谋利益。只要领导干部以艰苦奋斗的优良作风和人格力量作榜样，就一定能够带领人民群众完成全面建设社会主义现代化国家的任务，推进中国特色社会主义事业的发展。

四是坚持勤俭节约，解决奢靡之风问题。奢靡，是一种腐化的生活方式，也是一种腐朽没落的思想意识。“奢靡”是一个阶级性、历史性很强的概念，对此，不同的时代可以有不同的标准，不同的阶级也有不同的认识。这里所讲的奢靡，是指那些以公款消费为主要形式、以公务人员特别是党员领导干部为主要行为主体的奢侈浪费的物质享受方式和消极颓废的思想意识。一个人是否奢靡，可以根据以下几点进行判断：其消费超出所属部门的经济发展水平和经济承受能力，超出所属部门正常业务范围的工作必需，超越有关的规定标准，超出社会平均消费和群众对高消费阶层消费水平的心理承受能力，同时是以豪华、奢靡的价值观念为基础的。当上述奢靡现象已经不是发生于个别人、个别部门、个别地方、个别事件上的偶然现象，而是带有一定的普遍性、经常性，而且有泛滥蔓延之势时，就会形成奢靡之风。主要表现为铺张浪费、挥霍无度，大兴土木、追求阔气，生活奢华、骄奢淫逸，以权谋私、腐化堕落。

古人云：“俭，德之共也；侈，恶之大也。”中华民族5000多年文明史，总是不断重复着“俭节则昌，淫佚则亡”（《墨子》）的规律。因而，与奢靡相反的勤俭节约，就成为中华民族弘扬的美德。共产党人必须大力弘扬中华民族勤俭节约光荣、浪费奢靡可耻的优良传统，坚决抵制奢靡之风。党的十八大以来，习近平总书记把奢靡之风视为党内存在的四大突出问题之一，大力倡导勤俭节约的光荣传统。特别是2013年初，习近平总书记在新华社《网民呼吁遏制餐饮环节“舌尖上的浪费”》上作出批示，指出“餐饮环节上的浪费现象触目惊心。广大干部群众对餐饮浪费等各种浪费行为特别是公款浪费行为反映强烈。……各种浪费现象的严重存在令人十分痛心。浪费之风务必狠刹！要加大宣传引导力度，大力弘扬中华民族勤俭节约的优秀传统，大力宣传节约光荣、浪费可耻的思想观念，努力使厉行节约、反对浪费在全社会蔚然成风”①。

党的十八大以来，各地区各部门贯彻落实习近平总书记重要指示精神，采取出台相关文件、开展“光盘行动”等措施，大力整治浪费之风，“舌尖上的浪费”现象有所改观，特别是群众反映强烈的公款餐饮浪费行为得到有效遏制。2020年8月，习近平总书记对制止餐饮浪费行为作出重要指示。“谁知盘中餐，粒粒皆辛苦。”尽管我国粮食生产连年丰收，但对粮食安全还是始终要有危机意识，全球新冠疫情所带来的影响更是给我们敲响了警钟。习近平总书记强调，要加强立法，强化监管，采取有效措施，建立长效机制，坚决制止餐饮浪费行为。要进一步加强宣传教育，切实培养节约习惯，在全社会营造浪费可耻、节约为荣的氛围。②

反对奢靡之风，必须强化节约型政府建设。建立“廉洁政府”是马克思主义国家学说的一个基本观点。建设节约型社会是我们党提出的一个目标。建设节约型政府、节约型社会是坚持勤俭节约、反对奢靡之风的根本之举。建设节约型政府，要求各级干部特别是领导干部

① 《习近平谈治国理政》第1卷，外文出版社2018年版，第363页。
② 《习近平作出重要指示强调 坚决制止餐饮浪费行为切实培养节约习惯 在全社会营造浪费可耻节约为荣的氛围》，《人民日报》2020年8月12日。

必须做到：一要坚持立党为公、执政为民，树立正确的政绩观。说到底就是要忠实践行党的宗旨，真正做到权为民所用、情为民所系、利为民所谋。要实事求是，按客观规律办事，坚持讲真话、办实事、求实效，不盲目攀比；要深入实际、深入群众、脚踏实地、艰苦奋斗，不搞花架子；要顾全大局、统筹兼顾，立足当前、着眼长远，不急功近利。一切工作都要经得起实践、人民和历史的检验，都要以实现最广大人民的根本利益作为工作的最高目的。二要不断加强政府自身改革。我们的目标是建设一个行为规范、公正透明、勤政高效、清正廉洁的政府，建设一个人民群众满意的政府。当前和今后一个时期，要以转变政府职能为核心，规范行政权力，调整和优化政府组织结构与职责分工，改进政府管理与服务方式，大力推进政务公开，加快电子政务和政府网站建设，提升公务员队伍素质，全面提高行政效能，增强政府执行力和公信力。三要大力开展增收节支，这是节约型政府的重要职责。要千方百计增加收入，依法加强税收和非税收入征管，做到应收尽收。严格控制出台税收优惠政策，抓紧清理到期的优惠政策，禁止擅自减免税收。在财政支出方面，厉行勤俭节约，反对铺张浪费，切实贯彻统筹兼顾、保证重点，量入为出、留有余地的原则，调整和优化财政支出结构，严格控制一般性财政支出，保障重点支出需要，提高财政资金使用的规范性、安全性和有效性。四要深化行政体制改革。这是建设节约型政府的关键所在。当前，行政体制改革的核心内涵与价值目标是从“部门行政”向“公共行政”转型，加强政府部门之间通力合作，降低行政成本。

反对奢靡之风，必须加强节约型社会建设。建设节约型社会，要坚持以习近平新时代中国特色社会主义思想为指导，按照党的二十大精神，坚持创新发展、协调发展、绿色发展、开放发展和共享发展的新理念，坚持资源开发与节约并重，把节约放在首位，紧紧围绕实现经济增长方式的根本性转变，以提高资源利用效率为核心，以节能、节水、节材、节地、资源综合利用和发展循环经济为重点，加快结构调整，推进技术进步，加强法制建设，完善政策措施，强化节约意识，尽快建立健全促进节约型社会建设的体制和机制，逐步形成节约型的增长方式和消费模式，以资源的高效和循环利用，促进经济社会可持续发展。

反对奢靡之风，必须加强公民特别是党员干部的思想道德建设。孔子说：“其身正，不令而行，其身不正，虽令不从。”党员干部以身作则，为人表率，人民群众就会自觉行动起来。相反，党员干部自身道德水平不高，人民群众就会失望，从而降低对自身的道德要求，导致“官德毁而民德降”，给国家、社会和人民带来灾难。因此，要教育党员干部首先树立起社会主义荣辱观，使党员干部做“一个高尚的人，一个纯粹的人，一个有道德的人，一个脱离了低级趣味的人，一个有益于人民的人”。党员干部的道德引领力和人格力量增强了，必将对整个社会起到一种率先垂范的作用，才能逐步形成整个社会良好的道德风尚。

第三节　力戒形式主义

形式主义是“四风”之首，更是工作中的一种顽瘴痼疾。在不同的环境条件下，形式主义经常变换着面貌出现。党的十八大以来，以习近平同志为核心的党中央高度重视加强党的作风建设，党中央确定

2019 年为“基层减负年”，着力解决困扰基层的形式主义问题，取得了明显成效。但也要清醒看到，形式主义是顽症，不可能毕其功于一役。正如党的二十大所强调的，一些党员、干部缺乏担当精神，斗争本领不强，实干精神不足，形式主义现象仍较突出。可见，在实践中，一些困扰基层的形式主义问题依然存在，有的还十分顽固。比如，形式主义产生的思想根源远未根除，不担当不作为现象仍然在一定范围内存在，一些形式主义现象改头换面、隐形变异，有的屡禁不止，干部群众反映强烈，等等。面对艰巨繁重的任务，必须深入整治形式主义、官僚主义，充分调动基层广大党员、干部干事创业的积极性主动性创造性，万众一心、凝心聚力，奋力实现经济社会发展目标任务。

一、形式主义的表现、原因和危害

“形式主义实质是主观主义、功利主义，根源是政绩观错位、责任心缺失，用轰轰烈烈的形式代替了扎扎实实的落实，用光鲜亮丽的外表掩盖了矛盾和问题。官僚主义实质是封建残余思想作祟，根源是官本位思想严重、权力观扭曲，做官当老爷，高高在上，脱离群众，脱离实际。”[①] 形式主义与党的性质、宗旨格格不入，对党的事业危害极大。

关于形式主义的表现。在现实政治生活中，形式主义有着种种表现，我们可以从两个维度去具体认识和把握这些表现。

一是工作层级的维度。从工作层级的维度把握形式主义的种种表

① 《习近平关于力戒形式主义官僚主义重要论述选编》，中央文献出版社 2020 年版，第 24 页。

现，我们会发现形式主义的表现分为两类，一类是针对上级的，一类是针对下级的。针对上级的形式主义有两类：一类是为了吸引上级的注意和重视所做出的可能让上级领导满意的东西，这种形式主义往往以获得个人升迁或领导肯定为目的，从而投领导所好，如形象工程、政绩工程等；还有一类是为了转移上级的视线和注意力，从而规避自己的执政行为所带来的问题和风险，比如在落实上级精神和要求时的“会议落实会议”“文件落实文件”等。针对下级的形式主义主要是领导干部为了显示自己的权威、应付下级的诉求，通过表面功夫所表现出的体察民情，其根本目的并不在于解决实际问题，而是为了寻找居高临下的权威感，展现自己表面的“平易近人”。这种形式主义在现实生活中有很多表现，比如热衷于喊不着边际的空口号，干事前先造势；热衷于提出不切实际的目标和指标，从而层层加码，通过检查和督促令下级干部和单位苦不堪言；为了应付下级诉求，装模作样下基层体察民情，但在调研走访中蜻蜓点水，不去真正了解群众和下级干部及单位的真实诉求。无论是针对上级的形式主义还是针对下级的形式主义，最根本的问题在于这些领导干部没有从党的宗旨和人民利益出发，而是从个人不正当的政治诉求和政治追求出发，热衷于做表面工作，敷衍上级、糊弄下级。

二是工作环节的维度。党的一项工作的推动，要经历许多环节。一般来讲，要经历决策部署、贯彻落实、督查检查三个环节。形式主义可能存在于这些环节的任何一个之中。决策部署环节的形式主义，主要表现为领导干部并不是真正为了科学决策、民主决策、依法决策，而是以科学、民主、依法之名，行独断专行之实。因此，这种充满了形式主义的决策在相当大的程度上偏离了科学、民主与法律，往往徒有其表，看似听取专家意见、经过论证，看似进行民主投票、举手表决，看似有坚实的法律依据，实则将专家作为装点门面的“面子”，将民主投票作为合乎程序的“装潢”，将援引法律作为依法的“幌子”。在贯彻落实环节，形式主义往往表现为“轻飘飘”。贯彻落实，讲究的是党的路线方针政策的落地，而形式主义往往表现为不让党的路线方针政策落地，于是就出现了不接地气的“空中政策”、相互打架的“本位政策”，出现了滥发不切实际、内容空洞的文件，滥开应景造势、不解决实际问题的会议，甚至在工作中只表态、不落实，或者空泛表态、敷衍塞责，有的甚至对上级的要求和群众的意见不敬畏不在乎。督查检查考核环节是评估党的路线方针政策在基层贯彻落实情况如何的关键环节，从而根据评估的结果奖优惩劣，进而引导干部的行为。在这个环节出现的形式主义往往表现为“阵仗声势大”，在调查研究中热衷于走安排好的“经典路线”，在了解情况时热衷于层层听汇报、大范围索要台账资料，在评估情况时一味挑毛病或奉行好人主义，要么随意发号施令，要么随意表扬，就是不能扑下身子察实情、听真话、取真经。无论是哪一个工作环节的形式主义，最根本的问题都在于这些领导干部只热衷于做表面文章，没有从落实党的路线方针政策出发，没有从为人民获得实实在在的利益出发，只追求表面上程序环节的完整，而忽略了真抓实干和讲究工作实际效果。

关于产生形式主义的原因，主要有以下几个。

一是部分党员干部政治意识不强，宗旨意识淡薄，责任意识错位。这使得他们精神懈怠、思想松懈、理想缺乏，没有把人民利益放在首位，而是将个人的利益放在人民利益之上，用眼前的短期行为代替了全局的长远利益，用自以为是的所谓政绩代替了广大人民群众的选择。于是，在现实政治生活中，出现了“搞政绩工程”等各种形式主义的做法，有些干部实际上做着“自以为领导满意却实则损害群众利益的蠢事”。

二是部分党员干部身处一定的社会环境，必然要受到环境的影响。从制度环境方面来看，制度在一定程度上的不完善为一些党员干部搞形式主义提供了空间。比如，由于制度方面对党员干部缺乏足够的约束和监督，或者考核机制缺乏细项，有的党员干部明目张胆地大搞形式主义，甚至在一些地域或一些领域，一些党员干部在形式主义方面互相开展竞赛；再比如，由于以前唯 GDP 考核的倾向没有及时转变，一些党员干部为了所谓的政绩，不惜寅吃卯粮，大肆举债，只为了在任期内获得好看的经济数字。这些现象都说明，环境对党员干部的行为影响极大。可见，改善党员干部的从政环境、完善制度也是解决形式主义问题的路径之一。

关于形式主义的危害。我们党的思想路线是一切从实际出发，理论联系实际，实事求是，在实践中检验真理和发展真理。党的根本宗旨是全心全意为人民服务。形式主义既与党的思想路线背道而驰，也违背了党的根本宗旨，不仅危害党，也危害人民。

一是败坏党的作风。形式主义因为其顽固性，长期存在于党内而难以完全消除，其一旦在党内大面积蔓延就会影响党内政治生态，而一些奉行形式主义的党员干部如果因为形式主义的做法获得了职位升迁或其他政治利益，就会对其他干部造成更加恶劣的影响，党内一些思想根基不牢的党员干部就会争相效仿，甚至形成形式主义的竞赛，严重败坏党的作风，最终威胁党的执政地位。

二是影响党内风气。党的作风在很大程度上关系着党内政治生态的好坏，也直接影响着党员干部的成长。形式主义作为消极作风的一种，如果在党内蔓延，形成不好的党内风气，就会影响其他党员干部，特别是一些思想根基不牢的党员干部。

三是有损党的形象。党的作风是党的形象，是检验党群干群关系、人心向背的晴雨表。对于我们党来说，要树立党的良好形象，就必须加强党的作风建设。形式主义作为一种消极作风，危害巨大，势必败坏党的形象。

四是破坏党的事业。从形式主义的本质来讲，它就是一种将形式和内容割裂开来的做法，当一件事情的推动不再以内容为中心而是首先着眼于形式的时候，必然会偏离正确方向。形式主义之所以危害大，就是因为它空耗人力物力，最终会导致看似做了很多工作，却解决不了实际问题。而且，形式主义一旦蔓延，会导致很多事情经历了无数程序，最终却徒劳无功。长此以往，党的事业就必然难以向前推动。

二、要持续解决困扰基层的形式主义问题

习近平总书记指出：“反对形式主义要着重解决工作不实问题，督促领导干部树立正确政绩观，克服浮躁情绪，抛弃私心杂念。反对官僚主义要着重解决在人民群众利益上不维护、不作为问题，既注重维护最广大人民根本利益和长远利益，又切实解决群众最关心最直接最现实的利益问题。”[①] 党建工作的难点在基层，亮点也在基层。基层是党的路线方针政策贯彻落实的“最后一公里”。“上面千条线，下面

① 《习近平关于力戒形式主义官僚主义重要论述选编》，中央文献出版社 2020 年版，第 30 页。

一根针”，形式主义作为一种消极作风，也会困扰基层。因此，要从为基层真减负、减真负的目的出发，持续解决形式主义问题。

首先是解决形式主义问题必须久久为功、持续发力。形式主义作为一种消极作风，因为其顽固性、反复性、隐蔽性较大，所以解决起来并非一朝一夕之功，必须久久为功，持续发力。

一是要持续深入查摆问题。解决形式主义问题，查摆问题是手段，必须坚持统筹兼顾，党员干部必须把自己摆进去、把职责摆进去、把工作摆进去，从自身入手，对形式主义的不同表现进行全面查摆，既要查摆老问题，也要查摆新问题；既要查摆显性问题，也要查摆隐性问题；既要查摆共性问题，也要查摆个性问题；既要查摆顽固性、典型性问题，也要查摆苗头性、倾向性问题；既要查摆自己发现的问题，也要查摆群众反映的问题。通过持续深入的查摆，确保从面上查摆全覆盖，从内里上把查摆做到位。

二是要持续深入整改。解决形式主义问题，整改是目标。党员干部要对照查摆出来的问题，剖析原因、找准症结、制订整改方案、提出整改措施。针对需要整改的问题，要分轻重缓急，明确整改的任务、措施、责任、时限。对于需要立即整改的问题，要通过集中整治专项行动即知即改；对于需要一段时间解决的问题，力争在专项行动期间取得整改效果；对于需要长期整改的问题，要构建长效机制，紧盯不放，持续整改，确保件件有着落、事事有结果。

其次是解决形式主义问题必须多措并举、多管齐下。产生形式主义问题的原因多种多样，因此解决问题时也必须多措并举、多管齐下。

一是从筑牢思想政治根基入手。思想是行动的先导，解决行动上的问题，要从思想上先打基础。“将力戒形式主义官僚主义纳入不忘初心、牢记使命的制度，建立健全理论学习、检视问题、抓实整改的长效机制”，这为从制度上克服形式主义提供了路径。不忘初心、牢记使命的制度是党的十九届四中全会着眼于健全总揽全局、协调各方的党的领导制度体系所提出的一项重大制度创举。这一重大制度创举，对于进一步坚持思想建党、理论强党、制度治党具有重大而深远的意义。将“力戒形式主义”纳入这项制度，就是将“力戒形式主义”与践行党的初心和使命联结起来，与恪守党的性质、宗旨联结起来，与遵守党章联结起来，与坚持共产主义远大理想和中国特色社会主义共同理想联结起来，与学习贯彻落实习近平新时代中国特色社会主义思想联结起来。这些要素都是党的思想政治根基的重要组成部分。此外，教育引导党员干部自觉加强党性修养，坚持实事求是的思想路线，牢固树立正确政绩观，始终牢记人民利益高于一切，切实把对上负责与对下负责统一起来，这些都是从筑牢思想政治根基入手克服形式主义的重要内容。

二是从贯彻落实上级决策部署入手。“一些久拖难解的问题，病症在下面，病根却在上头。上头搞形式主义，下面就会弄虚作假；上头是官僚主义，下面就会照搬照套；上头有享乐主义，下面就会投其所好；上头刮奢靡之风，下面就会铺张浪费。凡事都是这样，上行下效，上率下行，上有所好、下必甚焉。”[①]习近平总书记指出：“各级查摆出不少‘四风’问题，其中一些问题上下都有，一些问题表现在下

① 《习近平关于力戒形式主义官僚主义重要论述选编》，中央文献出版社 2020 年版，第 128 —129 页。

面、根子在上面，一些问题主要在上面解决、同时需要下面配合。”[①] 克服形式主义，首先要将其放在讲政治的高度，从领导机关和领导干部抓起改起，主要任务包括深入查找贯彻落实党的理论和路线方针政策上存在的政治偏差，深化治理贯彻党中央决策部署只表态不落实、维护群众利益不担当不作为，特别是漠视人民群众生命安全和身体健康等突出问题，严肃查处不敬畏不在乎、空泛表态、敷衍塞责、弄虚作假、阳奉阴违等问题。另外，从加强党的政治建设的角度来看，坚决做到“两个维护”是党的政治建设的首要任务，因此，在贯彻落实上级决策部署这个环节还要加强对做到“两个维护”情况的督促检查，完善推动党中央重大决策落实机制。

三是从加强制度建设入手。克服形式主义如果想要取得长远效果，达到长远目标，也必须从制度入手，建立长效机制。一方面，要从工作的督查检查考核方式方法入手，克服形式主义，要做好深入扎实的调查研究工作。在改进工作作风上，“我很重视调查研究。开展调查研究就是走群众路线，没有调查就没有发言权，就没有决策权”[②]。“我在正定时经常骑着自行车下乡，从滹沱河北岸到滹沱河以南的公社去，每次骑到滹沱河沙滩就得扛着自行车走。虽然辛苦一点，但确实摸清了情况，同基层干部和老百姓拉近了距离、增进了感情。”[③] 另一方面，从干部方面来说，就是要从完善干部激励机制入手，克服形式主义。比如要“加

① 《习近平关于力戒形式主义官僚主义重要论述选编》，中央文献出版社 2020 年版，第 129 页。

② 《习近平关于力戒形式主义官僚主义重要论述选编》，中央文献出版社 2020 年版，第 84 页。

③ 《习近平关于力戒形式主义官僚主义重要论述选编》，中央文献出版社 2020 年版，第 86 页。

大正向激励力度，持续抓好激励干部担当作为有关具体措施落实”，要“及时纠正滥用问责、不当问责及以问责代替整改等问题”，要“以正确的用人导向引领干事创业导向，真正把政治上过得硬、善于贯彻新发展理念、制度执行力和治理能力强、‘愿作为、能作为、善作为’的干部选拔出来”等。

四是从深化治理改革入手。推进国家治理体系和治理能力现代化是全面深化改革的目标之一。因此，在新时代，克服形式主义，必须从深化治理改革入手，总的要求是构建党的领导、人民当家作主和依法治理有机统一的基层治理体制机制，总的方向是向基层放权赋能但又要避免层层向基层转嫁责任。为此，必须从以下几个方面入手：总结地方的新鲜经验，进一步向基层放权赋能，加快制定赋权清单，推动更多社会资源、管理权限和民生服务下放到基层，人力物力财力投放到基层；厘清不同层级、部门、岗位之间的职责边界，按照权责一致要求，建立健全责任清单，科学规范“属地管理”，防止层层向基层转嫁责任；加强城乡社区服务和管理能力建设，构建基层智慧治理体系，提升基层公共服务、矛盾化解、应急管理水平。

本章阅读材料

习近平总书记关于力戒形式主义官僚主义的重要论述

形式主义、官僚主义是党和国家事业发展的大敌。要从领导干部特别是主要领导干部抓起，树立正确政绩观，尊重客观实际和群众需求，强化系统思维和科学谋划，多做为民造福的实事好事，杜绝装样子、搞花架子、盲目铺摊子。要落实干部考核、工作检查相关制度，科学评价干部政绩，促进干部更好担当作为。要加强对党中央惠民利民、安民富民各项政策落实情况的监督，集中纠治教育医疗、养老社保、生态环保、安全生产、食品药品安全等领域群众反映强烈的突出问题，巩固深化扫黑除恶专项斗争、政法队伍教育整顿成果，让群众从一个个具体问题的解决中切实感受到公平正义。

——《习近平在十九届中央纪委六次全会上发表重要讲话强调 坚持严的主基调不动摇 坚持不懈把全面从严治党向纵深推进》，《人民日报》2022 年 1 月 19 日。

锲而不舍落实中央八项规定精神，抓住“关键少数”以上率下，持续深化纠治“四风”，重点纠治形式主义、官僚主义，坚决破除特权思想和特权行为。把握作风建设地区性、行业性、阶段性特点，抓住普遍发生、反复出现的问题深化整治，推进作风建设常态化长效化。全面加强党的纪律建设，督促领导干部特别是高级干部严于律己、严负其责、严管所辖，对违反党纪的问题，发现一起坚决查处一起。坚持党性党风党纪一起抓，从思想上固本培元，提高党性觉悟，增强拒腐防变能力，涵养富贵不能淫、贫贱不能移、威武不能屈的浩然正气。

——习近平:《高举中国特色社会主义伟大旗帜 为全面建设社会主义现代化国家而团结奋斗——在中国共产党第二十次全国代表大会上的报告》(2022 年 10 月 16 日)，《人民日报》2022 年 10 月 26 日。

第五章

领导干部要重视家风建设

家风体现一个家庭或家族的价值观。如何使中华民族源远流长的家庭美德代代相传，为塑造个体人格、形成良好社会风尚提供支撑，是历代政治家十分关注的问题。家风是融化在我们血液中的气质，是沉淀在我们骨髓里的品格，是我们立世做人的风范，是我们工作生活的格调；家风是民风、社风的根基，是社会和谐的基础。家风与政风党风紧密相连，习近平总书记指出，“领导干部要把家风建设摆在重要位置，廉洁修身、廉洁齐家”[①]。

第一节　家庭是社会的基本细胞

习近平总书记指出，“不论时代发生多大变化，不论生活格局发生多大变化，我们都要重视家庭建设，注重家庭、注重家教、注重家风”[②]。

一、领导干部的家风是领导干部作风的重要表现

对领导干部而言，家风不仅仅涉及自己及自身家庭的发展，而且

① 《习近平在十八届中央纪委六次全会上发表重要讲话强调　坚持全面从严治党依规治党创新体制机制　强化党内监督》，《人民日报》2016 年 1 月 13 日。
② 《习近平关于注重家庭家教家风建设论述摘编》，中央文献出版社 2021 年版，第 3 页。

与自己的作风、党的作风联系起来。

首先，领导干部的家风，不是个人小事、家庭私事。中国共产党党员是共产主义理想的坚定信仰者和追求者，由来自各行业和岗位的优秀分子组成。所谓优秀分子，不但在工作上优秀，而且在思想上、作风上优秀。每一位党员就是一面旗帜，代表着党的形象，他们的一言一行都有着深远的影响，对于广大人民群众起着引领和示范的作用。尤其是领导干部，在各个方面都起着“领头羊”的作用。每个人的道德水平和价值取向都会受到家庭的影响，都会受到家风的影响，领导干部也是如此。领导干部不仅是普通民众的一员，是党的一分子，更是人民的公仆，手里掌握着人民赋予的权力。因而，“欲影正者端其表，欲下廉者先之身”。他们的家风虽出自家庭立足于家庭，但也会在为人民服务的过程中、在从政的过程中展现出来，他们的家风不仅影响着其本人和干部队伍的形象，还会影响着整个党的风气，影响着党和政府的威信和形象。一个执政党的良好党风政风也与广大领导干部的良好家风密切相关，领导干部家风好，就会带动干部队伍培育好家风，从而给党和政府带来正面影响；反之，不良家风会影响干部个人、影响干部的家庭，更会破坏党的威信和形象。

其次，家风是领导干部作风的重要表现。党的作风关系党的形象，关系人心向背，关系党的生死存亡。群众对领导干部总是要听其言、观其行的，所以领导干部要“自觉做弘扬优良作风的表率”。而领导干部的家风与作风存在着紧密联系，领导干部的家风影响着领导干部的作风。健康的家庭生活，可以滋养身心，鼓励领导干部专心致志工作。反过来，领导干部的思想境界和一言一行又直接影响着家庭其他成员，在很大程度上决定着自己的家风、家教。“所谓治国必先齐其家者，其家不可教而能教人者，无之。”清廉的家风才能营造出清廉的作风。无数优秀共产党员的实际行动都充分证明了这一点，凡是那些作风过硬的领导干部都有着良好家风，无论是毛泽东、朱德、周恩来、陈云等老一辈革命家，还是焦裕禄、孔繁森、郑培民等优秀共产党员都是这样。因而，必须将家风建设纳入党员干部作风建设中，在加强党的作风问题上，尤其强调领导干部的家风建设，切实改进领导干部的作风，要求各级党委定期检查领导干部家风建设的有关情况，这是领导干部必须高度重视的建设内容。

二、家风败坏是领导干部违法违纪的重要原因

家风影响着一个人的品质和行为，对领导干部而言更是如此。家风问题已成为近年来领导干部走向严重违法违纪的重要原因。一个领导干部走向违法违纪是令人痛心的、令党和广大人民失望的，导致他违法违纪的原因是多重的，其中家风败坏就是一个十分重要的因素。

“一人当官，全家敛财”的现象时有发生，家风坏成为腐败之源，因贪污腐败问题落马的官员，很大一部分与家风不正有关。在良好家风环境中，领导干部牢记党的宗旨，勤勤恳恳工作，不断将好的家风传承和发扬。在不良的家风中，领导干部就会忘记初心，使得家风更加败坏。从落马的官员看，一些领导干部家风败坏，首先在于没能管好自己，形成不正的家风，影响了家庭成员的世界观和价值观，才导致了“家族式腐败”出现。可以说，败坏的家风，成为牵引其自身及亲属走向牢狱的绳索，最终一起走上不归路，落得“废职亡家”的结局。这些案例给领导干部敲响了警钟。

古人云：“将教天下，必定其家，必正其身。”一个领导干部具有的优良作风会影响家风，引导家风朝好的方向发展。一个领导干部违法违纪同样影响整个家庭，其个人的不良作风必将把整个家风带坏，坏的家风也会将其引向违法的道路。很多事实都证明了这个道理，一些领导干部大搞权钱交易，作风出现问题，就会很快败坏家风，坏家风又传染给家庭成员，其亲属也会被其纵容，利用其职务、名誉做违法乱纪的事情，使整个家风完全败坏，就会出现习近平总书记指出的“纵容家属在幕后收钱敛财，子女等也利用父母影响经商谋利、大发不义之财”的情况。“父子兵”“夫妻档”“兄弟帮”屡见不鲜，就是这个原因。正所谓“心术不可得罪于天地，言行要留好样与儿孙”。家风一旦败坏，就如同水源受到了污染，污水会迅速扩散开且难以治理。家风败坏的开始就是作风败坏的开始，作风败坏的开始就是违法违纪的开始，就是走向深渊、自取灭亡的开始，这样的事情带给我们深刻的教训。家族式腐败案发生频率之高、案件性质之严重、社会影响之恶劣，使得领导干部必须重视家风建设。

三、领导干部必须把家风建设摆在重要位置

家风正，助推领导干部作风正、严律己、强自身，所以习近平总书记反复论述家风建设的重要性，并将其作为全面从严治党的重要抓手。2018 年 3 月 10 日，习近平总书记参加十三届全国人大一次会议重庆代表团审议，发言中再次提及家风建设的重要性。进入新时代，在以习近平同志为核心的党中央坚强领导下，一系列配套规章、措施相继出台，领导干部的家风建设被提到前所未有的高度。领导干部

要“廉洁齐家，自觉带头树立良好家风”被明确纳入 2015 年 10 月中共中央印发的《中国共产党廉洁自律准则》之中；“领导干部都要把家风建设摆在重要位置，廉洁修身、廉洁齐家”是 2016 年 1 月 12 日习近平总书记在中央纪律检查委员会第六次全体会议上强调的。《关于新形势下党内政治生活的若干准则》要求：“领导干部特别是高级干部必须注重家庭、家教、家风，教育管理好亲属和身边工作人员。”“禁止利用职权或影响力为家属亲友谋求特殊照顾，禁止领导干部家属亲友插手领导干部职权范围内的工作、插手人事安排。”《中国共产党党内监督条例》第十四条也规定，中央政治局委员应当“带头树立良好家风，加强对亲属和身边工作人员的教育和约束，严格要求配偶、子女及其配偶不得违规经商办企业，不得违规任职、兼职取酬”。党员干部都要把家风建设摆在重要位置。

实践表明，家风建设确实是每一个党员干部不可回避的重要问题。而把家风建设摆在重要位置，不是空谈，也不是坐而论道，而是需要有切实的行动。首先是全体党员尤其是领导干部在日常工作和生活中要重视家风，带头注重家风、家教。不仅自己要做到廉以修身、廉以持家，还要培育好家风，教育亲属和身边工作人员走正道，做家庭美德和家庭文明的践行者、示范者，以自己的好样子，带动配偶和子女，包括下属，营造一个好的氛围。其次是严格教育管理好亲属，加强对亲属和身边工作人员的教育和约束。人民群众的眼睛是雪亮的，他们不但关注着党员干部本人，也时刻关注着他们的配偶和子女，甚至其身边工作人员。所以，干部子弟要遵纪守法，要为父母争光争气，为老百姓做出示范和榜样，以好的家风带动形成健康清新的社会风气。

第二节　注重家庭、注重家教、注重家风

家庭是社会的基本细胞，是传递文化、涵养品性的重要场所，更是一个人价值观形成与行为习惯养成的第一所学校。个人的成长与发展都离不开家庭、家教、家风的熏陶。因此，必须重视家庭建设，注重家教、注重家风。在群众眼中，党员干部及其家庭成员是一个整体，家风的好坏、其配偶和子女在社会上的言谈举止等，直接决定着党员干部在群众心中的形象。对党员干部而言，良好家风既是砥砺品行的“磨刀石”，又是抵御贪腐的“防火墙”。家庭和谐美满，家风纯正，雨润万物；家风一破，污秽尽来。

一、家风建设对国家发展、民族进步、社会和谐起着重要作用

早在2015年春节团拜会上，习近平总书记深情吟诵了《游子吟》，充分体现出对中国传统中重视家庭、重视家风的深刻认识。重视家庭家风建设，是因为家风建设对国家、民族、社会都有着重要的作用，尤其是良好家风是国家、民族和社会发展进步的“助推器”，对事业的发展起着积极的推动作用。

首先，千家万户都好，国家才能好，民族才能好。正所谓“正人必先正己，治国必先治家”，国如车，家是轮。家是最小国，国是千万家。因而中华民族自古以来就重视家庭、重视亲情，更重视良好家风的培育，诸如“积善之家，必有余庆；积不善之家，必有余殃”等朴素的家风流传至今。从几千年的历史来看，家庭的前途命运同国

家和民族的前途命运紧密相连，家庭的健康与否影响着整个国家、民族大肌体的健康。家风建设不仅事关个人家庭幸福，更关系着国家、民族“大家”的幸福。“一家仁，一国兴仁；一家让，一国兴让”正是从好的家庭、好的家风与国家和民族之间的关系出发，指出了家风的地位和价值。好的家风、家教涵养这个家庭的每一位成员，在良好家风的熏陶下，家庭成员树立起正确的价值观，最终无数扶危济困、廉洁奉公、精忠报国的仁人志士产生，有了这些人，中华民族团结如一家，共同克服困难，为了共同的目标而不懈努力，使中华民族屹立在世界民族之林。与此同时，在这些人的推动下国家发展就会蒸蒸日上，就会取得重大成就，整个国家就会充满凝聚力、向心力，整个社会主义事业也因此不断向前。家风正、国家强，国家好，民族好，家庭才能好，才能培育好的家风。所以习近平总书记一直强调无论时代如何变化，无论经济社会如何发展，家风建设都要放在十分重要的位置。

其次，家风对全社会起着教化和熏陶作用。从家庭和社会的关系来看，“家庭是社会的基本细胞”，正是这千万个“细胞”组成了庞大的社会，离开这些“细胞”，社会就不成立。家庭与社会密不可分，家风与社会的发展也息息相关。领导干部的生活作风和生活情趣，不仅关系着本人的品行和形象，更关系到党在群众中的威信和形象，对社会风气的形成、对大众生活情趣的培养，具有上行下效的示范功能。在这个问题上，习近平总书记指出，“家庭和睦则社会安定，家庭幸福则社会祥和，家庭文明则社会文明”[①]。而好的家风又是好的

① 《习近平关于注重家庭家教家风建设论述摘编》，中央文献出版社 2021 年版，第 4 页。

家庭的基础，家和万事兴，一个家庭有优良的家风、家教，就会和睦兴旺。无论过去、现在还是将来，绝大多数人都生活在家庭之中。如果这千万个“细胞”都能够培育并传承和发扬好的家风，整个社会就会充满和谐友爱，正所谓“家风好，就能家道兴盛、和顺美满”。家风是社会风气的重要组成部分，是影响民风和社风的重要因素，好家风是整个社会风清气正的基础。好家风培育出的家庭成员会给社会带来正能量，无数个家庭的好家风就会带动整个社会风气向好的方向发展。相反，“家风差，难免殃及子孙、贻害社会”，在坏家风中成长起来的人，会把坏风气带到社会中，最终给社会带来负能量，毒害社会，一个国家和民族的思想和精神就会受到污染。当前社会上的一些不良风气，诸如“炫富”“拼爹”等，与家教、家风不无关系。所以，要发扬光大中华民族传统家庭美德，每一个家庭都应该加强家风教育，努力使千千万万个家庭成为国家发展、民族进步、社会和谐的重要基点，让每个家庭成为和谐社会的优良细胞，进而形成良好的社会道德风尚，以千千万万家庭的好家风支撑起全社会的好风气，使家庭成为人们梦想启航的地方。

二、家庭、家教和家风之间是有机统一的

家庭、家教和家风之间是有机统一的。具体来说，表现在以下三个方面。

（一）家庭是家风建设的基础

家庭是一个人生活、成长的基本单位，是个人思想、行为的根源。在我国传统文化中，家庭不仅是国家经济文化的基石，也是国家

政治生活的根本。《孟子·离娄上》强调："天下之本在国，国之本在家。"《礼记·礼运》提出："以天下为一家，以中国为一人。"具体来说，家是最小国，是国的具体微缩；国是千万家，是家的宏观展现。国家的建设必须以家庭建设为基础。同样，家庭的社会地位和内在功能决定了其在家风建设中起着不可替代的基础作用。

（二）家教是家风建设的载体

家教，指的是家长对子女进行的关于道德、礼节的教育，是在家庭功能的基础上，旨在建设家庭成员所期盼的家风而进行的教育教养活动。立家身正、治家从严是传统家风建设的有效方式。教育内容主要是对后辈子孙的道德伦理、克己修身、为人处世、做官从政方面的教育。优良家风也正是依托家训、家规、家教而恩泽后人、发扬光大、传之久远。

（三）家风是家庭内在功能和家教活动之上的精神风貌

古人讲："将教天下，必定其家，必正其身。"家风作为一种特殊的文化现象，彰显的是整个家庭成员的精神风貌、道德操守和文化气质，体现的是家庭成员待人接物的情感态度、价值观念以及行为规范，具有内在的文化内涵和厚重底蕴。对党员干部来讲，良好家风既是砥砺品行的"磨刀石"，又是防腐拒贪的传家宝，需要在思想上高度重视，并拿出有效措施不断推进家风建设。

"家庭—家教—家风"是一个有机的统一体，主要包括两方面的要求：一方面，要重视建设好家庭。从小处着想，从细微事抓起，言传身教，持之以恒，有效发挥家庭的生活功能、教化功能和社会功能。另一方面，要开展好家庭道德伦理教育。注重传承弘扬我国优秀传统家教文化，传递尊老爱幼、男女平等、夫妻和睦、勤俭节约、邻里团结等观念，倡导忠诚、责任、学习、奉献、自律等理念，推动家庭成员在为家庭谋幸福、为他人送温暖、为社会作贡献的过程中提高精神境界、培育文明风尚。

三、以家风带民风促政风

“一家仁，一国兴仁；一家让，一国兴让。”家风好，则族风好、民风好、国风好。领导干部的家风对社会风气有着重要影响，在一定程度上起着引导和示范作用。领导干部的家风，不仅关系自己的家庭，而且关系党风政风。一方面，领导干部的家风影响党风。从近年来查处的腐败案件看，家风败坏往往是领导干部走向严重违法违纪的重要原因。因此，淳党风、正作风必须把家风建设作为党风廉政建设的突破口，引导领导干部培育好家风、涵养好作风，带动党风向好、民风向善。另一方面，领导干部的家风影响社会风气。家风不仅在家庭成员之间传承，也在家庭与家庭之间形成互动，相互影响，并影响社会风气。领导干部的优良家风，不仅对引导其老实做人、干净做事、清正做官具有重要意义，而且对社会来说能产生一种道德的力量，起到重要示范带动作用。如果千千万万个领导干部的家风建设好了，那么发挥出的示范带动作用将是巨大的。

用“家风—政风—社会风气”有机统一的科学方法推进领导干部家风建设，主要包括两个方面要求：一方面，要站在加强党风政风建设的高度，重视领导干部的家风建设。古人讲，“欲治其国者，先齐其家”，“一室之不治，何以治天下”。对于领导干部来说，树立良好家风，既是做好领导工作的客观需要，又是加强党性修养的重要内容。每个领导干部都要从为党风政风负责的高度，加强家风建设，以“信念坚定、为民服务、勤政务实、敢于担当、清正廉洁”的好干部标准要求自己、树好形象、管好家人。另一方面，要提升到社会风气建设的高度，重视领导干部的家风建设。领导干部要将加强家风建设看作应尽的政治责任和社会责任，按照走在前列、当好示范的要求，时时、事事、处处带头，对亲属严格教育、严格约束、严格监督，争做新时代家风建设的表率。

第三节　以好的家风支撑起社会的好风气

领导干部良好家风的形成不是一蹴而就的，需要不懈努力，久久为功。良好家风的形成还需要多方联动、共同培养，不仅需要内因的积极作用，更需要良好的社会氛围、党组织积极的倡导和督促。

一、从中华优秀传统文化中汲取营养

中华民族是伟大的民族，培育了历久弥新的中华优秀传统文化。中华优秀传统文化积淀中华民族最深沉的精神追求，在中华优秀传统文化中，最显著的特色之一就是注重家教、家风和家庭美德，这是中华民族生生不息、发展壮大的丰厚滋养，是我们推进改革开放和社会主义现代化建设的强大精神力量，更是今天领导干部培育良好家风的丰富源泉。

中华民族家训文化肇端久远。早在先秦时期，儒家就提出了“修身、齐家、治国、平天下”的思想，主张个人修养好自身的品行后，才能管理好家庭、家族；管理好家庭、家族后，才能治理好国家；治理好国家后，才能天下太平。儒家的这一思想几乎影响了其后整个封建时代，直至今天，这一思想仍有广泛的影响。东汉马援的“谦约节俭，廉公有威”，清代林则徐的“决不敢于俸禄而外，妄取民间或下僚分毫”等，也为今天领导干部加强家风建设留下了宝贵的思想遗产。此外，众多流传至今的家规家训，诸如《弟子规》《朱子家训》《六十一字族规》《义庄规矩》《曾国藩家训》等，还有老一辈革命家留下的红色家规，如周恩来为家人定下的不谋私利、不搞特殊化的“十条家规”、刘少奇曾向子女和身边工作人员交代的“四不准”、董必武对家人和身边工作人员的“约法三章”、陈云为家人制定的“三不准”原则，都为领导干部培育良好家风提供了丰富的历史材料。因此，领导干部的家风建设应充分汲取中华优秀传统文化中丰富的重视家教、家风和家庭美德的思想，并赋予新的时代内涵，努力做好中华民族传统家庭美德的继承、转化、创新和发展，最终为我所用。

二、弘扬社会主义核心价值观

人类社会的发展历史已经充分证明，在一定的历史阶段，一个社会评判是非曲直的价值标准都是由核心价值观来体现的，一个民族、一个国家的精神追求也靠核心价值观来承载。随着社会主义市场经济的不断发展，各种利益诱惑考验着广大领导干部。领导干部只有牢固树立社会主义核心价值观，才能“咬定青山不放松”，才能经受住大风大浪的考验，才能坚定理想信念，筑牢底线。而培育良好家风，既要立足传统，更要放眼实际。因为，时代在发展，我们的生活格局也在不断地发生着变化。领导干部培育的家风也要随着时代的变迁而与时俱进，要与每个时代党所肩负的任务、与时代的主旋律紧密联系，更要适应新的历史阶段的发展要求并能促进社会的发展。当代中国价值观念，就是中国特色社会主义价值观念，良好家风的培育必须与其结合起来。

社会主义核心价值观是文化软实力的灵魂，是适应新时代发展的精神力量。社会主义核心价值观根植于中华优秀传统文化，家风是中华优秀传统文化的沉淀和体现，良好家风和社会主义核心价值观存在天然契合点，可以成为社会主义核心价值观内化于心的重要载体。良好家风是社会主义核心价值观在现实生活中的重要体现，家风传承在人们对社会主义核心价值观的认知上具有内化意义，有利于人们对社会主义核心价值观的认知形成。如社会主义核心价值观中的“爱国”“文明”“和谐”“诚信”“友善”等内容，正是培育优良家风的重要内容，不仅是对良好家风理念的弘扬，更是新时代家风建设的指导方针和具体要求。家风建设紧密结合培育和弘扬社会主义核心价值观，有助于家庭成员理解、认同社会主义核心价值观，社会主义核心价值观也容易通过家风传承被家庭成员所接受。家风对人的影响是潜移默化、终生难忘的，优良家风倡导的内容都是家庭成员赞成和践行的，是引发他们道德行为的心理精神依据。社会主义核心价值观的内容一旦和良好家风融在一起，家庭成员在温馨的家庭生活中耳濡目染社会主义核心价值观，在成才和发展中就会自觉认同，并转化为他们的精神追求和自觉行动，这就使社会主义核心价值观教育更加形象生动、富有亲和力。因而，在良好家风的培育中，必须积极倡导社会主义核心价值观，使良好家风和社会主义核心价值观一同成为推动社会主义事业发展的精神力量。

三、以榜样带动培育良好家风

榜样的力量是无穷的。好的榜样，是最好的人生引导。习近平总书记非常重视发挥榜样模范示范的作用。如在党的群众路线教育实践活动中，他特别强调典型的示范效应，要求在活动中注意总结典型，及时起示范推动作用；再如，习近平总书记多次接见劳动模范、道德模范、先进工作者和先进人物代表、各界优秀青年代表以及全国优秀县委书记等，充分表现出他对优秀人物和榜样模范的重视。正面典型的示范作用不可或缺，榜样模范就是一杆旗帜、一个标杆、一种力量，各行各业的优秀代表都对所在行业起着重要的引领作用，对于整个行业乃至整个社会都起着模范带头作用。党员干部培育良好家风也要树立榜样，学习榜样，发挥榜样的力量，以榜样来影响带动培育良好家风。

老一辈革命家节俭生活，严格要求家人，不为家人谋私利、不搞特殊化的模范家风，是当前所有党员干部学习的楷模。习近平总书记在2015年1月同中央党校第一期县委书记研修班学员座谈时，讲到了好干部焦裕禄得知儿子看“白戏”，立即拿出钱叫儿子到戏院补票的故事，十分感人，为我们树立了榜样；还有被习近平总书记称为“四有”书记的谷文昌，也是党员干部应当学习的榜样。全国各行各业、各部门各地区要发掘和树立优秀榜样，从而带动整个社会的风气永远朝着健康的方向发展。同时，要注意利用反面典型。在党员干部培育良好家风的问题上，反面典型的警示作用同样重要。前车之覆，后车之鉴。一些家风败坏的典型案例，广大党员干部要认真剖析，吸取教训，以反面典型为镜，“见贤思齐焉，见不贤而内自省也”，在培养优良家风的问题上，思想上警醒起来，行为上自觉起来，避免出现这样的苗头。

四、不断加强修养的同时严格要求身边人

领导干部培育良好家风，关键还在于领导干部自身。习近平总书记将严以修身放在了“三严三实”的首位，要求党员干部都要廉洁修身、廉洁齐家，做培育良好家风的表率。关于修身齐家的方法，最好的途径就是加强学习，让学习成为党员干部的自觉行动，在认真读书中修德，并把这种德付诸实践。在生活和工作中自觉养成读书的习惯，使读书成为一种改造思想、加强修养的手段，通过读书不断提升自己的精神境界，使自己的灵魂不断得到净化。领导干部读书修身，第一就是要读马克思主义经典著作，这是共产党人安身立命之本。第二就是要读国家法律法规和党规党纪，所有党员都必须严守作风底线。第三就是要读中国古代经典，诸子百家的经典著作中包含着丰富的修身齐家思想。阅读中国古典书籍，同样对提高党员自身修养有很大的帮助。第四就是要广读世界名著，兼容并蓄，充分吸收世界上其他民族和国家的优秀文化，尤其是关于修身的思想，借鉴思想精华。第五就是要付诸实践，做到知行合一，在工作和生活中严格要求自己，真正做到严以修身。在自己不断加强修养的同时，严格要求家庭

成员。在培育良好家风的过程中，如果没有家庭成员的参与，或者得不到家庭成员的赞同是不能成功的。因而，在良好家风的培育中，领导干部不但要用自己良好的行为熏陶、感染家人，还需要注重对家人的带动，尤其是对家人提出严格的要求，让他们同自己一起共同营造良好的家庭氛围，共同培育良好家风。与此同时，还要严格教育、严格管理、严格监督身边工作人员，决不能“护犊子”，一旦发现问题要及时批评、坚决纠正，对违法违纪的苗头早发现早解决，避免越陷越深，导致影响良好家风的培育。

本章阅读材料

习近平总书记关于注重家庭家教家风建设的重要论述

中华民族传统家庭美德铭记在中国人的心灵中，融入中国人的血脉中，是支撑中华民族生生不息、薪火相传的重要精神力量，是家庭文明建设的宝贵精神财富。无论时代如何变化，无论经济社会如何发展，对一个社会来说，家庭的生活依托都不可替代，家庭的社会功能都不可替代，家庭的文明作用都不可替代。希望大家注重家庭、注重家教、注重家风。

——《习近平在会见第一届全国文明家庭代表时强调 动员社会各界广泛参与家庭文明建设 推动形成社会主义家庭文明新风尚》，《人民日报》2016 年 12 月 13 日。

中华民族历来重视家庭，正所谓“天下之本在国，国之本在家”，家和万事兴。国家富强，民族复兴，最终要体现在千千万万个家庭都幸福美满上，体现在亿万人民生活不断改善上。千家万户都好，国家才能好，民族才能好。

——习近平：《在2018年春节团拜会上的讲话》，《人民日报》2018年2月15日。

我国工人阶级和广大劳动群众是国家的主人，要加强政治理论学习，加强党史、新中国史、改革开放史、社会主义发展史学习，自觉做中国特色社会主义的坚定信仰者、忠实实践者。要发扬优良传统，承担历史使命，把党和国家确定的奋斗目标作为自己的人生目标，以民族复兴为己任，自觉把人生理想、家庭幸福融入国家富强、民族复兴的伟业之中，做新时代的追梦人。

——习近平：《在全国劳动模范和先进工作者表彰大会上的讲话》，《人民日报》2020年11月25日。

第六章

做党光荣传统和优良作风的忠实传人

党的优良传统和作风，是一代又一代中国共产党人在思想、政治、组织、工作、生活等各方面一贯表现出来的科学态度和模范行为，是中国共产党党性的外在体现。弘扬党的优良传统和作风，不仅是党的建设的一个重要组成部分，而且综合体现了党的各方面建设的成效，因而在党的建设新的伟大工程中具有十分重要的地位和作用。

第一节　优良作风是党在革命、建设和改革历史进程中形成的光荣传统

习近平总书记指出："从石库门到天安门，从兴业路到复兴路，我们党近百年来所付出的一切努力、进行的一切斗争、作出的一切牺牲，都是为了人民幸福和民族复兴。正是由于始终坚守这个初心和使命，我们党才能在极端困境中发展壮大，才能在濒临绝境中突出重围，才能在困顿逆境中毅然奋起。"[①] 百年来，中国共产党始终高度重视作风建设。在革命、建设、改革的各个历史时期，这些优良作风树立了中国共产党在中国人民心中的形象，得到了他们的信赖和拥护。

不论过去、现在还是将来，党的光荣传统和优良作风都是激励我

① 《习近平关于力戒形式主义官僚主义重要论述选编》，中央文献出版社 2020 年版，第 8—9 页。

们不畏艰难、勇往直前的宝贵精神财富。必须立志做党的光荣传统和优良作风的忠实传人，不断增强意志力、坚忍力、自制力，在新时代全面建设社会主义现代化国家新征程中奋勇争先、建功立业，努力创造无愧于党、无愧于人民、无愧于时代的业绩！

一、坚定对党忠诚

对党忠诚，是共产党人首要的政治品质。我们党一路走来，经历了无数艰险和磨难，但任何困难都没有压垮我们，任何敌人都没能打倒我们，靠的就是千千万万党员的忠诚。对党忠诚，必须一心一意、一以贯之，必须表里如一、知行合一，任何时候任何情况下都不改其心、不移其志、不毁其节。年轻干部要以先辈先烈为镜、以反面典型为戒，不断筑牢信仰之基、补足精神之钙、把稳思想之舵，以坚定的理想信念砥砺对党的赤诚忠心。要自觉加强政治历练，接受严格的党内政治生活淬炼，不断提高政治判断力、政治领悟力、政治执行力，使自己的政治能力同担任的工作职责相匹配。要立志为党分忧、为国尽责、为民奉献，勇于担苦、担难、担重、担险，以实际行动践行对党的忠诚。

忠诚是人之为人的必备素养，根源就在于它的重要性甚至超出生命的价值，如空气和水一样，须臾不可或缺，是整个人类社会所必需的精神品质。正因如此，千百年来，古今中外的仁人志士对“忠诚”都有着许许多多的赞美和颂扬。

忠，被看作是最重要的道德规范。诚，在我国历史文化传统中具有很高的地位。中国传统文化中的“忠、孝、仁、爱、信、义、和、平”被称为“八德”，“忠”列“八德”之首。“忠”不仅被看作是个人的“修身之要”，而且被定为“天下之纪纲”“义理之所归”。早在《尚书》《左传》等典籍中，就有“忠德之正”的思想。“二十四史”专门辟有忠臣篇章，列数忠臣无数。苏武牧羊十九载，关羽“身在曹营心在汉”，岳飞“精忠报国”，史可法“血战扬州”，等等，无不是中国古代历史上忠义之士的典型代表，所反映的大义忠贞气节，极大地彰显了优秀传统文化的思想精髓，是中华民族鲜明魂魄的生动体现。

当今时代，思想观念日益多元，但忠诚这种品质并没有过时。共产党人倡导的忠诚，有别于西方和传统意义上的忠诚，是内含马克思主义基因的忠诚，更具有鲜明的政治指向和理论意义。

2015 年 1 月 12 日，习近平总书记在同中央党校第一期县委书记研修班学员座谈时提出要心中有党、对党忠诚，“把牢政治方向，强化组织意识，时刻想到自己是党的人，时刻不忘自己对党应尽的义务和责任，相信组织、依靠组织、服从组织，自觉维护党的团结统一”[①]。这一重要论述，深刻阐明了共产党人对忠诚的内涵要求。

对党员干部来说，有了绝对忠诚的政治品格，才能听党话、跟党走，爱党、忧党、兴党、护党，始终以党的方向为方向，以党的意志为意志，以党的旗帜为旗帜。无论是把讲政治放在首位，还是以党和国家大局为重，无论是自觉维护党的领导核心，还是自觉向党中央看齐，向习近平总书记看齐，一刻都离不开绝对忠诚的政治品格。

① 《习近平关于严明党的纪律和规矩论述摘编》，中央文献出版社、中国方正出版社 2016 年版，第 25 页。

习近平总书记指出，对党绝对忠诚要害在“绝对”两个字，就是唯一的、彻底的、无条件的、不掺任何杂质的、没有任何水分的忠诚。[①]对党忠诚，只有绝对，没有相对；只有100%，没有99%。什么是绝对忠诚？党叫干什么就干什么，党不准干什么就坚决不干什么，这才是绝对忠诚。如果搞所谓的“亚忠诚”“伪忠诚”“相对忠诚”“有条件的忠诚”，还有什么政治意识、大局意识、核心意识、看齐意识可言？一些党员干部严重违法违纪，究其原因，根本是缺少对党忠诚的政治品格，要害是触犯了政治底线。

当今时代，人们的价值追求多元多样多变，各种思想文化交流交融交锋，意识形态领域斗争激烈激荡激变，尤其是敌对势力加紧对我国进行渗透破坏……可以说，强化“四个意识”面临严峻挑战和考验。只有脑中有根本，心中有定力，手中有真理，保持绝对忠诚的政治品格，才能把“四个意识”扎根在思想上、落实在行动上。

绝对忠诚离不开理性认同、理性自觉。刘少奇说，“没有理论的人容易被‘俘虏’”[②]。理论是人的“定盘星”，能使人明辨是非、分清善恶、区别美丑。党员干部缺少理论素养，思想就容易庸俗化，灵魂就容易虚无化，就会失去政治上的免疫力。学习习近平新时代中国特色社会主义思想，强化理论武装，补好“精神之钙”，炼就“金刚不坏之身”，做到虔诚而执着、至信而深厚，才能保持理想信念不移、政治品格不变。

在新时代，我们党必须始终成为中国特色社会主义事业的领导核

① 《习近平关于严明党的纪律和规矩论述摘编》，中央文献出版社、中国方正出版社2016年版，第24页。

② 《刘少奇选集》下卷，人民出版社1985年版，第49页。

心，要把党打造得坚强有力，关键在于全体党员在党性锻炼中不断强化对党忠诚，将对党忠诚作为党员的根本政治担当。纵观世界上其他政党，没有哪个政党将党员的政治忠诚摆在如此重要的位置。那么，中国共产党为什么这么重视党员的对党忠诚呢？原因主要有以下几个方面。

第一，马克思主义政党的性质要求对党忠诚。马克思主义政党是具有共产主义远大理想的政党，是全心全意为人民服务、为了人民利益不懈奋斗的政党。马克思主义政党的力量，主要来自党员对共产主义事业的忠诚，来自党员贯彻执行党的路线方针政策的坚定性。每一名共产党员在入党时都宣誓过：对党忠诚，积极工作，为共产主义奋斗终身，随时准备为党和人民牺牲一切，永不叛党。在新时代坚持和发展中国特色社会主义，要求各级党组织必须坚强有力，要求全体党员必须始终忠诚于党。在落实党的决策部署上是打折扣、搞变通还是无条件执行，在大是大非面前是含混不清还是立场坚定，在噪音杂音面前是人云亦云还是保持定力，都是检验党员对党忠诚与否的试金石。广大党员必须把对党忠诚牢记心中，在思想上政治上行动上同以习近平同志为核心的党中央保持高度一致，自觉做到“两个维护”，坚决维护党中央权威和集中统一领导。

第二，完成新时代党的历史使命需要对党忠诚。为中国人民谋幸福、为中华民族谋复兴是中国共产党人的初心和使命。我们党之所以能够不断取得革命、建设和改革的伟大胜利，就是因为有一代又一代对党的事业无比忠诚的共产党员。据不完全统计，从 1921 年到 1949 年，在我们党领导的革命中牺牲的全国有名可查的烈士达 370 多万人。“石可破也，而不可夺坚；丹可磨也，而不可夺赤。”胸有忠心，就能入火海而不退缩、遇烟雾而不迷失、出淤泥而不染、临诱惑而不动摇。对党忠诚始终是共产党人砥砺前行的座右铭、大义凛然的正气歌，党的事业靠千千万万党员的忠诚奉献而不断向前发展。中华民族伟大复兴绝不是轻轻松松、敲锣打鼓就能实现的，全党必须准备付出更为艰巨、更为艰苦的努力。在新时代，广大党员只有做到对党忠诚，才能为党和人民事业勇挑重担，才能做出对党和人民有益的实事，才能以奉献精神召唤亿万人民接续奋斗，完成新时代党的历史使命。

第三，进行具有许多新的历史特点的伟大斗争需要对党忠诚。在全面建成小康社会目标已经实现、朝着第二个百年奋斗目标奋进的关键时期，我们党要团结带领人民推进伟大事业、建设伟大工程、实现伟大梦想，必须进行具有许多新的历史特点的伟大斗争。党的十八大以来，党中央深入推进反腐败斗争，一些领导干部违法违纪事实暴露出来的对党不忠诚问题必须引起高度重视。这些腐败分子口头上忠诚、行动上不忠诚，表面上忠诚、内心里不忠诚，对别人要求忠诚、对自己要求“做聪明人”。解决这一问题，必须在新时代党的建设中突出强调对党忠诚。要大力弘扬忠诚老实、公道正派、实事求是、清正廉洁等价值观，坚决防止和反对个人主义、分散主义、自由主义、本位主义、好人主义，坚决防止和反对宗派主义、圈子文化、码头文化，发展积极健康的党内政治文化，全面净化党内政治生态。只有这样，才能有效应对重大挑战、抵御重大风险、克服重大阻力、解决重大矛盾。

今天，我们党正在为国家富强、民族振兴、人民幸福而奋斗，为实现中华民族伟大复兴而奋斗。这些奋斗目标是当今中国最崇高、最神圣的追求。在新时代新征程上，党员干部必须牢记习近平总书记提出的“所有共产党员都要牢记‘国之大者’，永远对党忠诚、为党分忧、为党尽责、为党奉献”[①]。唯有如此，党员干部对党绝对忠诚才能成为最虔诚、最执着、最经得起考验的忠诚，党员干部才能在任何时候任何情况下都不动摇信仰、不迷失方向，党员干部才能在践行对党绝对忠诚的过程中使个人的才干与美德在最崇高的层面上获得认可与证明，使个体生命的价值在最神圣的层面上得到实现，最终把个人的生命价值与党的事业发展高度融合在一起。

第一，党员干部要做到对党绝对忠诚，必须将党章意识融入血液。党员干部要主动、认真、扎实、系统、用心地反复学习党章，掌握党章的主要内容和精神实质，深刻理解党的基本理论、基本路线、基本纲领，深刻理解坚持解放思想、实事求是、与时俱进、求真务实的含义，深刻理解建设什么样的党、怎样建设党等基本问题。按照党章的要求，经常检视言行，反思工作，修正坐标，始终牢记自己是一名共产党员，牢记入党誓词，矢志不渝地为党和人民的事业努力奋斗，用时间的跨度、行动的力度展示信仰的纯度。如果党的一级组织、一名党员连“全党必须遵循的总规矩”都学不懂、记不清、守不住、执行不下去，那么“在党言党、在党忧党、在党为党”只是一句空话，对党绝对忠诚也会大打折扣。

第二，党员干部要做到对党绝对忠诚，必须将修身洁行放到心中。《左传》曰，为官当求“三不朽”，即立德、立功和立言。立德指树立高尚的道德，立功指为国为民建立功绩，立言指提出真知灼见

① 习近平:《在党的十九届七中全会第二次全体会议上的讲话》,《求是》2022 年第 23 期。

的言论，此三者虽久不废，流芳百世，成为不少中国人特别是为官者的理想。党员干部作为党的一分子，“打铁必须自身硬”，应比古人有更高的境界与觉悟，要把修身洁行、正心诚意作为道德修养，每日三省吾身，以道德的力量赢得人心。只有每个党员干部切实加强道德修养，不断陶冶道德情操、锤炼道德意志、提升道德境界、夯实道德基础，自觉做对党绝对忠诚的坚守者，做社会主义道德的示范者、引领者和维护者，才能激励人民群众崇德向善、见贤思齐，推动全社会形成和保持良好的道德风尚，为实现中国梦凝聚起强大的精神力量。

第三，党员干部要做到对党绝对忠诚，必须将职责使命扛在肩上。“共产党员”这个称号，既代表光荣与先进，更代表责任和义务。翻开党章，第一句话就是“中国共产党是中国工人阶级的先锋队，同时是中国人民和中华民族的先锋队”。先锋不是说出来的，而是干出来的、奉献出来的。一头牛，辛苦耕田是一辈子，拴在桩上默默终老也是一辈子；一个人，干事创业是一辈子，碌碌无为也是一辈子。既然加入了共产党这个先锋队，就要在岗位上勤勉敬业、干出样子，为自己留下点精彩。每个党员干部都要有“为官一任，造福一方，遂了平生愿”的人生理想，始终把工作岗位作为对党绝对忠诚的检验平台，作为为党尽忠、为国出力、为民造福的崇高事业，以“等不起”的紧迫感、“慢不得”的危机感、“坐不住”的责任感，把心思和能力用在“想干事”“会干事”“干成事”上，用惜岗惜时、夙夜在公的实际行动，让自己的生命更有宽度，让自己的人生更有价值。

二、理论联系实际

一切从实际出发，理论联系实际，实事求是，在实践中检验真理和发展真理，是我们党在长期的革命和建设实践中确立的思想路线，是我们党认识、分析和处理问题所遵循的最根本的指导原则和思想基础。同时，中国共产党在长期的革命斗争中形成了一整套优良作风。毛泽东概括为三大作风：一是理论和实践相结合的作风，二是和人民群众紧密地联系在一起的作风，三是自我批评的作风。这是我们党区别于其他任何政党的三个显著标志，也是我们加强党风建设的主要内容。

在理论与实践的关系上，中国共产党在历史上曾经存在过两种错误倾向：一种是从书本出发，靠照搬照抄马克思列宁主义词句解决问题的教条主义；另一种是从狭隘经验出发，轻视科学理论的指导作用，满足于一得之功和一孔之见的经验主义。二者的表现形式虽然不同，但都是以理论和实际相脱节为基本特征的主观主义。

毛泽东一贯倡导理论与实践相结合的思想，他指出，只有善于应用马克思列宁主义的立场、观点和方法，“进一步地从中国的历史实际和革命实际的认真研究中，在各方面作出合乎中国需要的理论性的创造，才叫做理论和实际相联系”[①]。在《反对本本主义》中，毛泽东初步表述了党的思想路线。后来在《实践论》中，他做出了进一步的深刻阐释。如果说《实践论》是本篇，那么可以将《反对本本主义》看成序篇。《实践论》继承发展了《反对本本主义》形成的思想基础，

① 《毛泽东选集》第3卷，人民出版社1991年版，第820页。

并使之进一步系统化、科学化和理论化。《实践论》对《反对本本主义》的深化，主要是从哲学上论证了理论与实践的统一，强调实践在认识运动中的重要地位和积极作用。

根据当时的革命斗争环境，毛泽东严肃批评“以主观和客观相分裂，以认识和实践相脱离为特征的”[①]机会主义和冒险主义倾向。在有关“现实经验”的认识问题上，毛泽东形成了非常鲜明的哲学观点，那就是通过实践而发现真理，又通过实践而证实真理和发展真理。从感性认识而能动地发展到理性认识，又从理性认识而能动地指导革命实践，改造主观世界和客观世界。实践、认识、再实践、再认识，这种形式，循环往复以至无穷，而实践和认识之每一循环的内容，都比较地进到了高一级的程度。毛泽东在运用马克思主义基本原理和方法的基础上，同时注重从中国特殊国情出发，总结中国革命的独创性经验，找出中国革命的特殊规律和理论原则，使马克思主义具有了中国特性。

毛泽东形成了系统的认识论观点，其中“实践、认识、再实践、再认识”成为中国共产党思想路线最核心的方法论原则。

无论是教条主义还是经验主义，都是只看到片面，没有看到全面。如果不知道这种片面性的缺点，并且力求改正，那就容易走上错误的道路。

理论联系实际作为马克思主义活的灵魂，要求对于马克思主义的理论，要能够精通它、应用它，精通的目的全在于应用。所以，毛泽东认为，把马克思列宁主义书本上的某些个别字句看作现成的灵丹圣

① 《毛泽东选集》第1卷，人民出版社1991年版，第295页。

药，似乎只要得了它，就可以不费气力地包医百病。这是一种幼稚者的蒙昧，我们对这些人应该作启蒙运动。那些将马克思列宁主义当宗教教条看待的人，就是这种蒙昧无知的人。[①]

那么，马克思列宁主义同中国革命实际，怎样互相联系呢？毛泽东认为："就是'有的放矢'。'矢'就是箭，'的'就是靶，放箭要对准靶。马克思列宁主义和中国革命的关系，就是箭和靶的关系。""马克思列宁主义之箭，必须用了去射中国革命之的。"[②]毛泽东在强调"理论联系实际"时侧重中国实际，正是为了坚持马克思主义的根本指导。

理论联系实际的核心问题不是是否需要马克思主义指导，而是如何用马克思主义指导中国具体实践。

从一定意义上讲，中国共产党的百年历史，就是一部不断把马克思主义同中国革命、建设、改革的实际相结合的历史。在新民主主义革命时期，党内一度盛行把马克思主义教条化、把共产国际决议和苏联经验神圣化的错误倾向，使中国革命遭受了巨大损失。以毛泽东同志为主要代表的中国共产党人，突破了教条主义的束缚，把马克思主义基本原理同中国具体实际相结合，找到了农村包围城市这条适合中国国情的革命道路，最终取得了新民主主义革命的胜利，建立了中华人民共和国。

新中国成立后，在党的领导下，我们用三年时间迅速恢复了国民经济，完成了民主革命遗留的任务。此后，在过渡时期总路线的指引下，到 1956 年基本完成了对农业、手工业和资本主义工商业的社会

① 《毛泽东选集》第 3 卷，人民出版社 1991 年版，第 820 页。
② 《毛泽东选集》第 3 卷，人民出版社 1991 年版，第 819、820 页。

主义改造，这标志着我国社会制度发生了根本性变化，标志着我国完成了从新民主主义社会到社会主义社会的过渡。此时，如何进行社会主义建设这个问题突出地摆在了全党面前。

1956 年 4 月，毛泽东在讨论《关于无产阶级专政的历史经验》修改稿时指出：“现在是社会主义革命和建设时期，我们要进行第二次结合，找出在中国怎样建设社会主义的道路。”① 这里所说的“第二次结合”，是相对于新民主主义革命时期的“结合”而言的，在新民主主义革命时期，党通过把马克思主义普遍真理和中国革命的具体实践的第一次结合，找到了革命的正确道路，取得了新民主主义革命的伟大胜利。然而，“结合”不是一劳永逸的，在新的实践和新的历史任务面前还要进行新的“结合”。毛泽东提出“第二次结合”，说明我们党已经开始思考中国的社会主义建设问题。

“第二次结合”的重点，是要找到符合中国实际的社会主义建设道路，而不是照搬照抄苏联模式。20 世纪 50 年代中期，苏联暴露了社会主义建设中的一些问题，毛泽东在《论十大关系》中指出：“特别值得注意的是，最近苏联方面暴露了他们在建设社会主义过程中的一些缺点和错误，他们走过的弯路，你还想走？过去我们就是鉴于他们的经验教训，少走了一些弯路，现在当然更要引以为戒。”②

党的第一代中央领导集体在推进马克思主义普遍真理同中国具体实际“第二次结合”并探索适合中国国情的社会主义建设道路的过程中，取得了宝贵经验和重要成果。但是，由于对国内外阶级斗争形势

① 《毛泽东年谱（一九四九——一九七六）》第 2 卷，中央文献出版社 2013 年版，第 557 页。
② 《毛泽东文集》第 7 卷，人民出版社 1999 年版，第 23 页。

的估计过于严重，在指导思想上没有摆脱“左”的影响，社会主义建设也走了一些弯路，遭遇了一些挫折。尽管探索艰辛曲折，但是以毛泽东同志为核心的党的第一代中央领导集体的探索为后人开辟中国特色社会主义道路提供了重要理论准备、前提条件和宝贵经验。

“文化大革命”结束后，党的十一届三中全会作出了把党和国家工作重心转移到经济建设上来、实行改革开放的历史性决策，开启了改革开放新时期。1982 年 9 月 1 日，党的十二大召开，邓小平在大会开幕词中指出：“我们的现代化建设，必须从中国的实际出发。无论是革命还是建设，都要注意学习和借鉴外国经验。但是，照抄照搬别国经验、别国模式，从来不能得到成功。这方面我们有过不少教训。把马克思主义的普遍真理同我国的具体实际结合起来，走自己的道路，建设有中国特色的社会主义，这就是我们总结长期历史经验得出的基本结论。”[①] 这篇讲话是中国特色社会主义的宣言书，标志着中国共产党带领人民经过长期探索，终于找到了一条适合中国国情的发展道路。从此，中国沿着中国特色社会主义道路阔步前进。

中国革命、建设、改革之所以能够最终找到正确的道路，从一定意义上讲，就是因为理论与实际结合得好。我们党的历史反复证明，什么时候理论联系实际坚持得好，党和人民事业就能够不断取得胜利；反之，党和人民事业就会受到损失，甚至出现严重曲折。坚持理论联系实际，是我们党的光荣传统和优良作风，关系党和人民事业兴盛。在全面建设社会主义现代化国家新征程上，我们必须持之以恒坚持理论联系实际，形成理论与实践的良性互动。

---

① 《邓小平文选》第 3 卷，人民出版社 1993 年版，第 2—3 页。

理论联系实际，前提是学懂弄通理论、掌握思想真谛。马克思主义是科学的理论，是我们认识世界、把握规律、追求真理、改造世界的强大思想武器。中国共产党领导中国革命、建设、改革的成功实践已经向世人昭示了这一点。我们必须自觉主动学习马克思主义基本原理、马克思主义中国化成果，努力掌握其精髓和真谛。一是刻苦钻研马克思主义基本原理，努力掌握蕴含其中的立场观点方法、道理学理哲理，做到知其言更知其义，知其然更知其所以然。二是坚持以全面系统的思维把握马克思主义理论发展的脉络和轨迹，深刻理解其产生的理论逻辑、历史逻辑和实践逻辑，积极探索马克思主义理论创新发展的规律。三是深入学习习近平新时代中国特色社会主义思想，前后贯通学、及时跟进学，运用新时代党的创新理论改进思想方法、解决思想困惑、检视自身思想作风和精神状态，牢固树立正确的世界观、人生观、价值观和权力观、政绩观、事业观，使自己的思维方式和精神世界更好适应党和人民事业发展的需要。

当前，全面建设社会主义现代化国家、全面推进中华民族伟大复兴已经开启。但也必须认识到，前进道路上仍有许多难题亟待解决，仍有许多挑战需要有效应对。这就要求我们必须坚持理论联系实际，既了解现在的中国、过去的中国，还要懂得比较视野下的中国、发展中的中国、开放中的中国，从中国的实际出发谋划和推进工作，运用马克思主义中国化最新成果解决中国的实际问题。具体到实际工作中，必须把理论和实际紧密结合起来，忌“空”重“实”，扎扎实实搞调查、实实在在抓落实、真真正正见实效。只有俯下身子、真抓实干、狠抓落实、扎实工作，不脱离实际、不好高骛远，力戒形式主义、官僚主义，把一切工作往实里做、做出实效，才能推动党和人民事业长远发展，实现中华民族伟大复兴的中国梦。

三、始终坚守党全心全意为人民服务的根本宗旨

人民是我们党的力量源泉，我们党根基在人民、血脉在人民，必须把人民放在心中最高位置，始终以百姓心为心。共产党的干部要坚持当“老百姓的官”，把自己也当成老百姓，不要做官当老爷，在这一点上，年轻干部从一开始就要想清楚，而且要终生牢记。年轻干部无论是立身处世还是从政干事，首先要解决好“我是谁、为了谁、依靠谁”的问题，不断追求“我将无我，不负人民”的精神境界。要拜人民为师，甘当小学生，特别要多交几个能说心里话的基层朋友，这样才有利于了解真实情况，才有利于把工作做好。要牢记我们党为人民谋幸福、为民族谋复兴的初心使命，始终坚守党全心全意为人民服务的根本宗旨，用心用情用力解决好群众急难愁盼问题，让群众有更多、更直接、更实在的获得感、幸福感、安全感。

一个政党如何回答“我是谁、为了谁、依靠谁”的问题，关乎这个政党的性质，决定了这个政党的前途命运和兴衰成败。中国共产党是以马克思主义为指导思想的无产阶级政党，人民工具本质决定了党的根本宗旨只能是全心全意为人民服务。

“为人民服务”出自毛泽东《为人民服务》，这篇文章是 1944 年 9 月 8 日毛泽东在张思德追悼会上的演讲稿。

张思德出生在四川仪陇一个穷苦农民家庭，1933 年参加红军，1937 年加入中国共产党。他曾数次爬雪山、过草地，作战机智勇敢，奋不顾身，屡立战功，多次负伤。后到中央警备团当战士，在延安枣

园毛泽东等中央领导工作的地方执行警卫任务。1944 年夏，张思德去安塞执行烧炭任务，在工作中不怕苦、不怕累、不怕脏，充分发挥了共产党员的先锋模范作用。9 月 5 日，即将挖成的窑洞突然坍塌，张思德奋力把战友推出洞外，自己却被埋在洞里，牺牲时年仅 29 岁。

得知张思德牺牲的消息后，毛泽东心情十分悲痛，提出要为张思德开追悼会，他要参加并讲话。在革命战争年代，牺牲的事情经常发生，张思德并不是牺牲在枪林弹雨的战场上，也没有太多惊天动地的事迹，毛泽东之所以郑重提议为这样一个普通战士举行追悼会并发表讲话，这是不同寻常的，有着特殊的深远考虑。这与当时全党和人民军队如何正确应对形势发展，加强团结奋斗，夺取抗战最后胜利相关。当时，我们不仅要面对日本侵略者的疯狂进攻，还要应对国民党反动派发动的反共高潮。我们党针锋相对地通过整风和发展生产，特别是通过加强自身建设，使中国共产党的精神面貌焕然一新，使根据地建设取得根本性的效果，为夺取抗战胜利创造了良好的物质条件，中国共产党也塑造了完全不同于国民党的政党形象。

毛泽东在讲话中阐述的关于中国共产党的性质宗旨、共产党人的人生观和价值观、党的作风建设、加强团结奋斗等重要内容，都是对上述问题的深刻思考和积极回应。据 1944 年 9 月 21 日《解放日报》的报道记载，9 月 8 日下午“到会者千余人”，追悼会开始后，“毛主席即缓步登台，怀着沉痛的心情向死者表示敬意，继作历时一时半之久的讲话，对为人民利益而牺牲的意义，阐述至详”[①]。毛泽东对张思

① 李江峰、贺秋平、张益博等:《从一名普通战士身上升华出的伟大精神——为人民服务》,《延安日报》2022 年 11 月 17 日。

德的褒扬，体现了对为中国革命事业、为人民解放和幸福作出贡献的无数英烈的敬重，对全心全意为人民服务的根本宗旨的大力倡导。

通过毛泽东的讲演，一个栩栩如生的张思德的高大形象矗立在世人面前。张思德在平凡工作岗位上默默奉献、以身殉职，用自己短暂的一生，生动诠释了全心全意为人民服务的根本宗旨。在张思德追悼会后不久，毛泽东就把为人民服务作为一个普遍要求扩大至全党全军，明确提出：“我们的每一个指战员以至每一个炊事员、饲养员，都是为人民服务的。”[①]

在党的七大上，毛泽东进一步全面系统阐述了为人民服务的重要思想。他深刻指出：“紧紧地和中国人民站在一起，全心全意地为中国人民服务，就是这个军队的唯一的宗旨。”[②]七大党章明确将毛泽东思想作为全党的指导思想，首次写入总纲部分：“中国共产党人必须具有全心全意为中国人民服务的精神，必须与工人群众、农民群众及其他革命人民建立广泛的联系，并经常注意巩固与扩大这种联系。”[③]

新中国成立后，我国第一部宪法（1954 年 9 月 20 日通过）的总纲第十八条明确规定：“一切国家机关工作人员必须效忠人民民主制度，服从宪法和法律，努力为人民服务。”[④]这就把为人民服务从全党的基本要求进一步推广为全体国家机关工作人员的行为规范，成为全社会共同的价值追求。

此后，毛泽东多次谈到为人民服务的问题。

---

① 《毛泽东文集》第 3 卷，人民出版社 1996 年版，第 210 页。
② 《毛泽东选集》第 3 卷，人民出版社 1991 年版，第 1039 页。
③ 《建党以来重要文献选编》第 22 册，中央文献出版社 2011 年版，第 535 页。
④ 《建国以来重要文献选编》第 5 册，中央文献出版社 2011 年版，第 453 页。

马克思主义认为，是为绝大多数人谋利益，还是为少数人谋利益，这是无产阶级政党与历史上其他一切政党的根本区别。毛泽东将这一基本观点升华为党的根本宗旨，并创造性地将之概括为“全心全意为人民服务”，是马克思主义中国化时代化大众化的成功范例，是毛泽东对马克思主义建党学说的一大贡献。

毛泽东之后的历届领导人也都坚持全心全意为人民服务的思想并赋予其新的时代内涵。邓小平主张以“人民拥护不拥护”“人民赞成不赞成”“人民高兴不高兴”“人民答应不答应”几个条件来检验全心全意为人民服务的效果，并于1985年提出“领导就是服务”，从而把执政党的领导作用和全心全意为人民服务紧密地联系起来。江泽民明确提出：“贯彻‘三个代表’重要思想，关键在坚持与时俱进，核心在坚持党的先进性，本质在坚持执政为民。”[①]胡锦涛强调，党员干部一定要“坚持权为民所用、情为民所系、利为民所谋”[②]。上述这些不断发展的理念在党和国家政治生活、社会生活中发挥了广泛深刻的影响。

党的十八大以来，习近平总书记在不同的场合从不同的角度进一步论述了党的根本宗旨问题，并作出了新的理论发展。

“坚持以人民为中心”，是党的十八大以来习近平总书记提出的一个重要思想，这个思想是习近平新时代中国特色社会主义思想的重要内容之一，贯穿于习近平新时代中国特色社会主义思想的各个方面，具有丰富而深刻的思想内涵。

---

① 《江泽民文选》第3卷，人民出版社2006年版，第537页。

② 《十六大以来重要文献选编》（下），中央文献出版社2011年版，第535页。

永远把人民对美好生活的向往作为奋斗目标。习近平总书记指出，人民对美好生活的向往，就是我们的奋斗目标。必须把为民造福作为最重要的政绩。我们推动经济社会发展，归根到底是为了不断满足人民群众对美好生活的需要。我们党所做的一切，就是让全国人民过上更加美好的生活，让老百姓幸福。党坚持不忘初心、继续前进，就是要不断把为人民造福的事业推向前进。谋求人民幸福是坚持以人民为中心的价值追求，体现了习近平总书记心系人民的真挚情感，人民立场是党的根本政治立场。

依靠人民创造历史伟业。习近平总书记强调，人民是历史的创造者，是真正的英雄。我们共产党人任何时候都不要忘记这个历史唯物主义最基本的道理。人民是我们党执政的最大底气。历史是人民书写的，一切成就归功于人民。历史和现实一再证明，只有依靠人民，才能创造历史伟业。只要紧紧依靠人民、牢牢植根人民，就能获得无穷的力量。

逐步实现共同富裕。习近平总书记强调，让发展成果更多更公平惠及全体人民，不断促进人的全面发展，朝着实现全体人民共同富裕不断迈进，让实现全体人民共同富裕在广大人民现实生活中更加充分地展示出来。坚持以人民为中心，就要让生活在我们伟大祖国和伟大时代的全 国各族人民，共同享有人生出彩的机会，共同享有梦想成真的机会，共同享有同祖国和时代一起成长与进步的机会。全面建设社会主义现代化国家、全面推进中华民族伟大复兴，在地域上、人群上一个都不能少，充分体现了社会主义的本质要求。

把群众路线贯彻到治国理政全部活动之中。习近平总书记强调，我们党要长期执政，就必须永远保持同人民群众的血肉联系，始终同人民群众想在一起、干在一起、风雨同舟、同甘共苦。坚持以人民为中心，就要践行党的群众路线，从群众中汲取智慧和经验，始终保持党同人民群众的血肉联系。党的十八大以来，我们党开展党的群众路线教育实践活动、“三严三实”专题教育、“两学一做”学习教育、“不忘初心、牢记使命”主题教育、党史学习教育，就是为了防止党员干部脱离群众，教育广大党员干部始终保持密切联系群众的优良作风。

坚持以人民为中心，既是理论命题，又是基本方略；既是政治立场，又是根本要求，深刻彰显了中国共产党人的初心和使命。对各级党组织和广大党员干部而言，全面贯彻落实坚持以人民为中心的发展思想，既是重要的政治责任，也是重要的政治考验。

四、开展自我批评

我们共产党人开展批评和自我批评，根本动力来自党性，来自对党和人民事业高度负责的精神。党员干部要有“检身若不及”的自觉，经常对照党的理论、对照党章党规党纪、对照初心使命、对照党中央部署要求，主动查找、勇于改正自身的缺点和不足。要本着对党、对事业、对同志高度负责的精神大胆开展批评和自我批评，既严于解剖自己，也帮助同志发现缺点、改正错误，团结同志一道前进。党员干部要始终不忘初心，牢记使命，就要涵养虚心接受批评和自我批评的胸怀和气度，胸襟开阔，态度诚恳，有则改之，无则加勉。

中国共产党的伟大之处不在于不犯错误，而在于从不讳疾忌医，敢于直面问题，勇于自我革命，具有极强的自我修复能力。勇于自我革命，实现自我修复的根基在于我们有批评和自我批评这个改造思想的有力武器和光荣传统，自我革命必须建立在批评和自我批评的基础之上。

坚持开展批评和自我批评的作风，是毛泽东建党思想的基本理论观点之一。党内批评是巩固党的组织、增强党的战斗力的武器。“流水不腐，户枢不蠹”，是说它们在不停的运动中抵抗了各种微生物或其他生物的侵蚀。对于我们共产党人，经常检讨工作，在检讨中推广民主作风，不惧怕批评和自我批评，“知无不言，言无不尽”“言者无罪，闻者足戒”“有则改之，无则加勉”，正是抵抗各种政治灰尘和政治微生物侵蚀思想和我们党的肌体的有效方法。批评和自我批评的作风是党虚心接受来自各方面的意见和建议，不断充实、完善和提高自己的重要途径，是共产党人自我改造的最好武器。任何政党和个人都不可能没有缺点和错误，问题是怎样对待缺点和错误。一个政党是否敢于公开批评自己的缺点、错误，是检验这个政党是否对群众真正负责的一个最重要、最可靠的尺度，只有立党为公的政党和党员才能做到。我们党以其大公无私的胸怀，一贯倡导在党内外广泛开展批评和自我批评，虚心接受群众的意见和建议。

邓小平强调，应当发扬批评和自我批评的优良作风，在党内生活中讲党性、讲原则，坚决克服软弱涣散状态。开展积极的思想斗争，搞好批评和自我批评，要有正确的方法、态度和目的。发扬批评和自我批评的作风，一定要严格遵守以下原则：必须从团结的愿望出发，与人为善，和风细雨；实事求是，以事实为依据，允许本人申辩；讲真理，不讲面子；把批评和自我批评的严肃性、尖锐性同科学性结合起来，达到既要弄清思想、纠正错误，又要团结同志、共同进步的目的。历史经验证明，经常地认真地开展批评和自我批评，就能保持生机和活力，就能不断取得进步。此外，发扬批评和自我批评作风，必须密切党同人民群众的联系，让群众的意见和建议真正反映到党内来，让群众了解党对自己的缺点、失误、错误的科学态度，了解党纠正自己的缺点和错误的具体步骤和措施，真正实现群众对党的衷心拥护和支持。尤其是作为执政党，要克服官僚主义、形式主义等脱离群众的不良作风，就必须密切党同人民群众的联系，鼓励人民群众对党、对党员、对党组织进行批评，使党组织和党员处于人民群众的监督之下，在广泛的批评和自我批评中不断提高自己。

新时代，习近平总书记深刻总结党的建设历史经验，创造性提出了“党的自我革命”的命题。回顾党的百年奋斗史，中国共产党自成立以来，面对自身问题，勇于刀刃内向，正是通过一次次自我革命，革除了自身弊病，凝聚了党心民心，夯实了党的执政基础和领导核心地位，使中国革命始终朝着正确的方向前进。当前，党面临的“四大考验”“四种危险”，党内存在的思想不纯、政治不纯、组织不纯、作风不纯等突出问题尚未得到根本解决。历史经验表明，党越是在外部环境复杂、矛盾问题交织、困难挑战增多、事业即将成功的时期，越要重视自我革命，用这个有力的武器，革除一切思想弊端，凝聚全党力量，以更大决心、更强信心推进党领导的社会革命。

从当前现实看，一些党组织和党员自我革命意识不强，对自我革命认识不足，欠缺自我净化、自我完善、自我革新、自我提高的思想自觉和行动自觉，不愿不敢直面问题、不想不去解决问题，缺乏勇于正视自身错误和缺点的勇气。这些问题必须引起高度重视，认真加以解决。

党要实现自我革命，必须以党员勇于开展批评与自我批评为起点。党员是党组织的细胞，党组织的先进性和战斗力取决于每个党员的综合素质。实现自我革命，一定要从自我批评开始，从剖析自己入手，找准问题，解决问题，为自我革命打牢基础。自我批评是每个党员检视自身言行，查找工作中的缺点、错误并及时纠正的重要方法，是我们时时处处都需要的清醒剂，是党章中规定的每个党员必须履行的义务，是解决思想问题的重要法宝，属于个体行为。自我革命是党针对党内整体上出现的突出问题，主动革除自身病症、解决自身问题，实现自我净化、自我革新、自我完善、自我提高的系统化过程，是一种整体的革命。个体的自我批评有机地构成整体的自我革命。

自我批评是自我革命的基础，自我革命既是全党的事也是每个党员的事，就每个党员来说，投身自身革命就必须有批评和自我批评的勇气和担当，自我批评是自我革命的具体体现，没有勇于自我批评的勇气就谈不上敢于自我革命。党员是党组织的细胞，开展自我革命要建立在坚实的自我批评基础上，真刀真枪，动真碰硬，消灭“病毒”，只有细胞整体上的健康，才能维持组织和整个肌体的健康。没有了自我批评，自我革命也就无从谈起。不进行自我批评的人往往是搞不好团结的人，搞好团结需要检讨和纠正自己的毛病；不进行自我批评的人往往是脱离群众的人，搞好群众关系要虚心倾听群众的意见包括批评意见，自我批评也是克服领导班子和领导干部涣散软弱状态，提高党组织的领导力、凝聚力和战斗力的重要途径。

毛泽东指出：“有无认真的自我批评，也是我们和其他政党互相区别的显著的标志之一。我们曾经说过，房子是应该经常打扫的，不打扫就会积满了灰尘；脸是应该经常洗的，不洗也就会灰尘满面。我们同志的思想，我们党的工作，也会沾染灰尘的，也应该打扫和洗涤。”[①]开展自我批评，首先要正确认识批评和自我批评之间的关系。两者之间，自我批评处于主导地位，没有真正的自我批评就没有真正的批评，没有自我批评这个“内核”，一切所谓的批评都不过是幌子。有无自我批评也是检验党性强不强的一个重要标准。做好自我批评要勇于检视自己，发挥主动性；要勇于正视问题，树立解决问题的决心；要勇于改正问题，达到完善、提高的目的。

开展自我革命，自我批评是重要基石，没有严肃认真的自我批评，自我革命就无法真正实现，每一个党员都要把自我批评真正重视起来，用好这个思想武器，不断改造提升自己，将自我革命进行到底。坚持了自我批评，我们就有了抵御各种错误思想的天然免疫力，做好了自我批评，我们就能够顺利推进自我革命，我们党就能跳出“其兴也勃焉，其亡也忽焉”的历史周期率，就能成为始终走在时代前列、人民衷心拥护、经得起各种风浪考验、朝气蓬勃的战无不胜的马克思主义执政党。

五、做到敢于斗争

敢于斗争是我们党的鲜明品格。我们党依靠斗争走到今天，也必然要依靠斗争赢得未来。开启全面建设社会主义现代化国家新征程，立足新发展阶段、贯彻新发展理念、构建新发展格局，面临的风险和考验一点也不会比过去少。年轻干部要自觉加强斗争历练，在斗争中学会斗争，在斗争中成长、提高，努力成为敢于斗争、善于斗争的勇

① 《毛泽东选集》第3卷，人民出版社1991年版，第1096页。

士。要坚定斗争意志，不屈不挠，一往无前，决不能碰到一点挫折就畏缩不前，一遇到困难就打退堂鼓。要善斗争、会斗争，提升见微知著的能力，透过现象看本质，准确识变、科学应变、主动求变，洞察先机、趋利避害。要加强战略谋划，把握大势大局，抓住主要矛盾和矛盾的主要方面，分清轻重缓急，科学排兵布阵，牢牢掌握斗争主动权。要增强底线思维，定期对风险因素进行全面排查。要善于经一事长一智，由此及彼、举一反三，练就斗争的真本领、真功夫。

马克思主义斗争学说宣示了共产党人敢于斗争的政治基因。马克思主义关于阶级斗争学说的一个重要理论，就是阶级斗争必然导致无产阶级专政，明确指明了无产阶级专政“是达到消灭一切阶级和进入无阶级社会的过渡”①，其伟大意义在于它是指导世界无产阶级争取人类解放的指南。马克思主义阶级斗争学说是马克思主义的理论基石，是理解一切阶级社会发展规律的基本线索。阶级斗争是指各对抗阶级之间的斗争，其中包括剥削阶级和被剥削阶级之间的斗争，也包括上升时期的剥削阶级和腐朽没落的剥削阶级之间的斗争。阶级斗争主要有三种形式：经济斗争、政治斗争、思想斗争。在无产阶级政党纲领性文献《共产党宣言》中，马克思和恩格斯系统、集中地阐述了他们的观点。消灭私有制，推翻资产阶级的统治，由无产阶级夺取政权，然后一步一步地夺取资产阶级的全部资本，把一切生产工具集中在国家即组织成为统治阶级的无产阶级手里，并且尽可能快地增加生产力的总量。共产党人不屑于隐瞒自己的观点和意图。他们公开宣布：他们的目的只有用暴力推翻全部现存的社会制度才能达到。《共产党宣

① 《马克思恩格斯选集》第4卷，人民出版社2012年版，第426页。

言》公开宣布必须用革命的暴力推翻资产阶级的统治，建立无产阶级的“政治统治”，表述以无产阶级专政代替资产阶级专政的思想。可以说，无产阶级政党在萌生和建立过程中，就鲜明地把敢于斗争、勇于革命写在了自己的旗帜上。

伟大的无产阶级革命导师列宁指出：“过渡时期不能不是衰亡着的资本主义与生长着的共产主义彼此斗争的时期，换句话说，就是已被打败但还未被消灭的资本主义和已经诞生但还非常幼弱的共产主义彼此斗争的时期。”[①] 在这个过渡时期，阶级与阶级斗争始终是存在着的，而无产阶级专政则是这一过渡的前提条件。无产阶级在夺取政权之后，必须有专政制度。第一，“不无情地镇压剥削者的反抗，便不能摆脱帝国主义和战争。”[②] 第二，任何大革命，尤其是社会主义革命，即令不发生对外战争，也决不会不经过国内战争，为了进行对内或者对外的战争，为了消除在战争中所造成的混乱状态，镇压各种反革命分子与坏分子的阴谋破坏，必须实行强有力的专政。同时，“无产阶级将利用自己的政治统治，一步一步地夺取资产阶级的全部资本，把一切生产工具集中在国家即组织成为统治阶级的无产阶级手里，并且尽可能快地增加生产力的总量”[③]。但是，无产阶级夺取政权，建立无产阶级专政，不是为了永远巩固自己的阶级统治，而是为了消灭一切阶级。这是达到没有阶级的共产主义社会的必由之路。如果按照现代修正主义的那一套，在还存在着阶级和阶级斗争的条件下，就想出什么“全民国家”和“全民党”等，那就不可能实现阶级

① 《列宁选集》第 4 卷，人民出版社 2012 年版，第 59 页。
② 《列宁全集》第 36 卷，人民出版社 2017 年版，第 365 页。
③ 《马克思恩格斯选集》第 1 卷，人民出版社 2012 年版，第 421 页。

的彻底消灭，就不可能实现共产主义，而只能导致无产阶级专政国家的蜕化变质，导致资本主义的复辟。所以，坚持批判、敢于斗争、勇于革命是贯穿实现共产主义的前行道路的主线，绝不能放弃共产党人与生俱来的政治基因。

170 多年来，马克思主义关于阶级斗争和无产阶级专政的学说一直指导着世界无产阶级及其政党的斗争。历史经验告诉人们，它是检验是否真正懂得马克思主义的试金石。只有承认阶级斗争同时又承认无产阶级专政的人，才是马克思主义者。这是一个颠扑不破的真理。在马克思主义斗争学说的语境之中，“斗争”始终秉持辩证的批判精神，反抗现存的一切事物；始终致力于向着人类的解放和实现人的自由全面发展而努力。在国际共产主义运动史上，凡是背离和抛弃马克思主义阶级斗争和无产阶级专政学说，宣扬“超阶级”谬论的人和领导者，不是陷入机会主义的泥坑，就是遭到亡党亡国的厄运。这一学说的使命表明，它适用于从资本主义社会向共产主义社会过渡的整个历史时期。苏联曾把无产阶级专政的适用期限定在社会主义制度建成之前，在向共产主义社会过渡的阶段，不需要无产阶级专政了。在世界上还存在着阶级和阶级斗争的时代，在国内还存在着一定范围阶级斗争的时代，从事社会主义事业的人们是既不能丢掉阶级斗争和无产阶级专政学说，也不能丢掉阶级分析的方法的，否则人们就会在复杂的斗争中迷失方向，找不到北。马克思主义政治立场，首先就是阶级立场，要进行阶级分析。我们说阶级斗争已经不再是我国社会的主要矛盾，并不是说阶级斗争在一定范围内不存在了，在国际大范围中也不存在了。改革开放以来，我们党在这个问题上的认识一直是明确的，所以才能避开苏联亡党亡国的命运，在世界上创造出“风景这边独好”的兴旺景象。当然我们所说的斗争是广义上的，不仅限于阶级斗争，还包括所有前行道路上的各种风险挑战的斗争。但不可否认的是，马克思主义阶级斗争学说以及马克思主义所包含的斗争哲学鲜明宣示了共产党人及其政党的政治基因。

我们党诞生于国家内忧外患、民族危难之时，一出生就铭刻着斗争的烙印，一路走来就是在斗争中求得生存、获得发展、赢得胜利。正是因为始终保持顽强的斗争精神、坚韧的斗争意志、高超的斗争本领，党才能将星星之火发展成燎原之势；才能在风雨如磐的长征路上闯关夺隘，击退国民党反动派上百万军队的围追堵截；才能以“钢少气多”力克“钢多气少”，打败武装到牙齿的对手；才能拉开改革开放的大幕，“杀出一条血路”；才能取得抗击新冠疫情斗争重大战略成果、打赢脱贫攻坚战，在中华大地上全面建成小康社会，开启全面建设社会主义现代化国家、全面推进中华民族伟大复兴新征程。

共产党人讲党性、讲原则，就要讲究斗争。党员干部坚持原则、敢于斗争，在原则问题上决不能含糊、决不能退让，否则就是对党和人民不负责任，甚至是渎职和犯罪。共产党人任何时候都要有不信邪、不怕鬼、不当软骨头的风骨、气节、胆魄。100 多年来，在应对各种困难挑战中，我们党锤炼了不畏强敌、不惧风险、敢于斗争、勇于胜利的风骨和品质。

共产党人的斗争是有方向、有立场、有原则的。坚持原则是共产党人的重要品格，是衡量一个党员干部称职胜任的重要标准。坚持原则，大方向就是坚持中国共产党领导和我国社会主义制度不动摇。任何风险挑战，只要来了，我们就必须进行坚决斗争，而且必须取得斗争胜利。坚持原则，必须旗帜鲜明反对好人主义。奉行好人主义的人，没有公心、只有私心，没有正气、只有俗气，好的是自己，坏的是风气、是事业。党员干部不能当和事佬，做爱惜羽毛的绅士、一团和气的“好好先生”，要做敢于斗争、善于斗争的勇士。不仅在大是大非面前要讲原则，小事小节上也要讲大局，始终有秉公办事、铁面无私的精神，讲原则不讲面子、讲党性不徇私情。

当前，世界百年未有之大变局加速演进，中华民族伟大复兴进入关键时期，我们面临的风险挑战明显增多，总想过太平日子、不想斗争是不切实际的。事实上，我们在工作中遇到的斗争是多方面的，改革发展稳定、内政外交国防、治党治国治军都需要发扬斗争精神、提高斗争本领。这就要求党员干部，既要深刻认识实现伟大梦想必须进行伟大斗争的必然性，也要充分认识这场伟大斗争的长期性、复杂性、艰巨性，既要从思想上克服不愿斗争的软骨病、不敢斗争的恐惧症，更要在实践中练就斗争的真本领、真功夫。面对前进道路上的风险挑战甚至惊涛骇浪，面对进一步深化改革要啃的“硬骨头”和绕不开的坎，我们必须擦亮眼睛、丢掉幻想、勇于斗争，在原则问题上寸步不让、寸土不让，以前所未有的意志品质维护国家主权、安全和发展利益。

六、永远艰苦奋斗

节俭朴素，力戒奢靡，是我们党的传家宝。现在，我们生活条件好了，但艰苦奋斗的精神一点都不能少，必须坚持以俭修身、以俭兴业，坚持厉行节约、勤俭办一切事情。党员干部要时刻警醒自己，培育积极健康的生活情趣，坚决抵制享乐主义、奢靡之风，永葆共产党人清正廉洁的政治本色。

艰苦奋斗是中华民族的传统美德。中华民族向来以特别能吃苦耐劳和勤俭持家、讲究节俭著称于世。中国共产党人作为中华民族的儿女，继承了民族的优良传统。我们党为争取民族解放和独立的斗争史，就是一部艰苦奋斗的创业史。过去我们党靠艰苦奋斗、勤俭节约不断成就伟业，现在和未来我们仍然要用这样的思想来指导工作。

我们党自诞生之日起，就把为中国人民谋幸福、为中华民族谋复兴作为初心使命，始终以永不懈怠的精神状态和一往无前的奋斗姿态干革命、搞建设、抓改革，在栉风沐雨、攻坚克难中开创了辉煌事业。无论遇到何种艰难困苦、风险挑战，共产党人都不畏惧、不退缩、不消沉，总是发扬艰苦奋斗精神勇往直前，一步步变被动为主动、变不利为有利，从而杀出血路、打开新局。回望百年历程，在革命战争年代，面对极其严酷的自然环境、极其短缺的物质给养、穷凶极恶的敌人等重重困难，我们党从不畏惧，一一克服，不断从胜利走向胜利。新中国成立之初，面对来自经济、军事、外交等方面的种种考验，党满怀信心、积极进取，采取一系列政策举措，让新生政权站稳了脚跟。改革开放后，我们党带领人民披荆斩棘、砥砺奋进，从开启新时期到跨入新世纪，再到进入新时代，绘就了一幅波澜壮阔、气势恢宏的历史画卷，谱写了一曲感天动地、气壮山河的奋斗赞歌。面对世界百年未有之大变局，我们化解国际上的各种不利因素，取得脱贫攻坚战全面胜利，这是我们党团结带领人民不畏艰难、不懈奋斗的结果。百年砥砺前行，百年奉献牺牲，百年沧桑巨变，无不向世人证明，艰苦奋斗是我们党克敌制胜、一往无前的精神动力。

我们党是靠自力更生、艰苦奋斗起家的。经过百年磨砺，自力更生、艰苦奋斗精神已经熔铸于党的基因血脉之中，成为党的政治本色和优良传统。我们要清醒地认识到，国家无论发展到什么程度，艰苦奋斗的传家宝永远不能丢。在新民主主义革命胜利前夕，毛泽东就提出了“两个务必”，即“务必使同志们继续地保持谦虚、谨慎、不骄、不躁的作风，务必使同志们继续地保持艰苦奋斗的作风”。改革开放之初，邓小平提出，我们的国家越发展，越要抓艰苦创业。党的十八大以来，习近平总书记多次强调要永葆艰苦奋斗本色，强调能不能坚守艰苦奋斗精神，是关系党和人民事业兴衰成败的大事。这些重要论述蕴含着我们党对共产党执政规律的深刻思考，不断给艰苦奋斗精神注入新的内涵。艰苦奋斗精神为我们党永葆先进性和纯洁性、永远得到人民群众拥护、永远走在时代前列提供了有力思想支撑。

实现美好理想，离不开筚路蓝缕、胼手胝足的艰苦奋斗。过去的辉煌成就是靠艰苦奋斗取得的，更加美好的明天仍需发扬艰苦奋斗精神来创造。当前，中华民族伟大复兴展现出前所未有的光明前景。越是接近民族复兴越不会一帆风顺，越是充满风险挑战甚至惊涛骇浪。在实现伟大梦想的征途中，我们要深刻认识到，越是发展越要奋斗，主动接过先辈艰苦奋斗的接力棒，传承勤俭节约、白手起家的传统美德，坚守不怕牺牲、甘于奉献的无私品格，永葆不畏艰险、锐意进取的奋斗韧劲。我们要发扬红色传统、传承红色基因，在党的百年奋斗史中感悟共产党人的崇高追求和理想情怀，增强对马克思主义、共产主义的信仰，增强对中国特色社会主义的信念，增强对实现中华民族伟大复兴的信心，赓续共产党人的精神血脉，始终保持艰苦奋斗的昂扬精神。我们要坚持把人民对美好生活的向往作为奋斗目标，始终同人民一起艰苦奋斗，努力在攻坚克难中奋勇前进、开拓进取，不断跨越新的“雪山”“草地”，攻克新的“娄山关”“腊子口”，不断续写社会主义现代化建设新的光辉篇章。

接过艰苦奋斗的接力棒，党员干部要以俭修身、以俭兴业。节俭朴素，力戒奢靡。习近平总书记反复强调，现在，我们生活条件好了，但艰苦奋斗的精神一点都不能少。在党章中，明确要求党的各级领导干部必须信念坚定、为民服务、勤政务实、敢于担当、清正廉洁。党员干部在其位就要谋其职、尽其责，把节约和勤俭、勤政和廉政统一起来。年轻干部更要时刻警醒自己，培育积极健康的生活情趣，坚决抵制享乐主义、奢靡之风，永葆共产党人清正廉洁的政治本色。

接过艰苦奋斗的接力棒，党员干部要勇挑重担、苦干实干。我们必须认识到，在前进道路上仍有许多难关和挑战，风险越大、挑战越多、任务越重。党员干部要立志为党分忧、为国尽责、为民奉献，勇于吃苦、担难，甘当苦力，不驰于空想，不骛于虚声，唯有做老实人、说老实话、干老实事，方能真正立得稳、行得远。

第二节　优良作风是党实现长期执政的现实要求

优良作风对于党的建设具有重大意义。习近平总书记在党的二十大上特别强调：“经过十八大以来全面从严治党，我们解决了党内许多突出问题，但党面临的执政考验、改革开放考验、市场经济考验、外部环境考验将长期存在，精神懈怠危险、能力不足危险、脱离群众危险、消极腐败危险将长期存在。”[①] 这就要求我们必须继承和发扬党的优良作风，持续推进党的先进性和纯洁性建设，确保把党建设成为始终走在时代前列、人民衷心拥护、勇于自我革命、经得起各种风浪考验、朝气蓬勃的马克思主义执政党。

一、优良作风是应对“四大考验”的现实要求

面对党面临的执政考验、改革开放考验、市场经济考验、外部环境考验的长期性和复杂性，我们党必须以优良的作风，确保始终能够经得住考验，扫除前进道路上各种各样的“拦路虎”和“绊脚石”。

首先是执政考验。党发挥社会主义制度集中力量办大事的优势，带领中国人民取得了社会主义现代化建设的巨大成就，中国特色社会主义道路越走越宽，进入了中国特色社会主义新时代。但由于是长期执政，也应该看到执政对我们党的严峻考验。因为权力的诱惑容易造成腐败，使党反腐败难度加大，长期执政，容易形成官僚主义。民众对党的要求高，容易成为矛盾的焦点。这些都要求我们党把执政作为一种战略来思考，不断提高执政能力和水平，继承和发扬党的优良作风，始终保持党的先进性和纯洁性，始终为人民掌好权、用好权，进而做到执政并长期执政。

其次是改革开放考验。改革开放也给党的建设带来巨大挑战。随着改革开放的深入，党所处的环境和条件与过去相比发生了很大的变化。我国发展面临一系列突出矛盾和挑战，前进道路上还有不少困

① 习近平：《高举中国特色社会主义伟大旗帜 为全面建设社会主义现代化国家而团结奋斗——在中国共产党第二十次全国代表大会上的报告》，人民出版社 2022 年版，第 63—64 页。

难和问题。比如：发展不平衡、不协调、不可持续问题依然突出，社会矛盾明显增多，形式主义、官僚主义、享乐主义和奢靡之风问题突出，一些领域消极腐败现象易发多发，反腐败斗争形势依然严峻，等等。解决这些问题，关键在于发扬优良作风，不断深化改革。改革开放只有进行时，没有完成时。改革已进入攻坚期和深水区，需要解决的都是难啃的“硬骨头”，这个时候需要有“明知山有虎，偏向虎山行”的勇气，不断把改革推向前进。我们推进改革的原则是胆子要大、步子要稳。这一切对我们党都是考验，并且这种考验是长期性的。

再次是市场经济考验。在社会主义制度下建设市场经济，是中国共产党在人类历史上第一次伟大的创举，但是市场经济也给我们带来很多问题。尤其是我国经济已由高速增长阶段转向高质量发展阶段，正处在转变发展方式、优化经济结构、转换增长动力的攻坚期，建设现代化经济体系是跨越关口的迫切要求和我国发展的战略目标。必须坚持质量第一、效益优先，以供给侧结构性改革为主线，推动经济发展质量变革、效率变革、动力变革，提高全要素生产率，着力加快建设实体经济、科技创新、现代金融、人力资源协同发展的产业体系，着力构建市场机制有效、微观主体有活力、宏观调控有度的经济体制，不断增强我国经济创新力和竞争力。这些目标和任务都考验着我们党，考验着全党的作风。

最后是外部环境考验。随着我国对外开放力度的加大，党面临的外部环境考验越来越严峻。世界多极化、经济全球化、社会信息化、文化多样化深入发展，全球治理体系和国际秩序变革加速推进，各国相互联系和依存日益加深，国际力量对比更趋平衡，和平发展大势不可逆转。同时，世界面临的不稳定性不确定性突出，世界经济增长动能不足，贫富分化日益严重，地区热点问题此起彼伏，恐怖主义、网络安全、重大传染性疾病、气候变化等非传统安全威胁持续蔓延，人类面临许多共同挑战。这些挑战都要求我们党要以良好的作风加以有效应对。

二、优良作风是克服“四种危险”的现实要求

我们要深刻认识到党面临的精神懈怠危险、能力不足危险、脱离群众危险、消极腐败危险的尖锐性和严峻性，坚持以优良的作风克服党内存在的思想不纯、组织不纯、作风不纯等突出问题，努力保持党的先进性和纯洁性。

在党内，这“四种危险”又表现为多种形式，必须深刻认识这些危险。党的十八大以后，习近平总书记就多次强调，一些党员干部中发生的贪污腐败、脱离群众、形式主义、官僚主义等问题，必须下大气力解决。一是脱离群众问题突出。2014 年 3 月 18 日，习近平总书记在河南省兰考县委常委扩大会议上的讲话中指出：“现在，脱离群众的现象在某些方面比十年前、二十年前、三十年前更突出了。问题出在哪儿？不能不引起我们沉思！我看主要是一些党员、干部宗旨意识淡薄了，对群众的感情变化了，作风问题突出了。”[①] 二是腐败问题依然存在。有的仍心存侥幸，搞迂回战术，卖官帽、批土地、抢项目、收红包，变着花样收钱敛财，动辄几百万元、几千万元甚至数

① 《习近平关于“不忘初心、牢记使命”论述摘编》，党建读物出版社、中央文献出版社 2019 年版，第 132 页。

以亿计；有的欺瞒组织、对抗组织，藏匿赃款赃物，与相关人员订立攻守同盟，企图逃避党纪国法惩处。他们故意制造一些噪音杂音，企图混淆视听，自己好从中脱身。三是党的观念淡薄。有的党组织和领导干部把经济建设和党的领导割裂开来，对管党治党心不在焉；有的只顾抓权力，不去抓监督，任命干部时当仁不让，平时对干部却放任自流，出了事就撂挑子给纪委；有的原则性不强，对歪风邪气不抵制不斗争，一味遮丑护短，甚至为违法违纪者说情开脱；有的地方党委不抓总、不统筹，党的建设部门化，“铁路警察、各管一段”，等等。这些问题的存在，削弱了党的创造力、凝聚力、战斗力，必须加以解决。四是在重大原则问题上立场摇摆。有的党员、干部对党中央决策部署和三令五申的要求，阳奉阴违甚至搞非组织活动，公开发表反对党的路线方针政策和决议的言论；有的党组织觉得政治纪律是“软”的、“虚”的，对违反政治纪律的错误言行不在意、不报告、不抵制、不斗争，更谈不上查处。党员、干部决不能妄议中央，可以提意见和建议甚至批评性意见，但决不能在重大政治原则问题上、在大是大非问题上同党中央唱反调、搞政治上的自由主义。

上述问题在全面从严治党的背景下，很多都已经得到了解决，但有些问题根深蒂固，不那么容易解决。2020 年 1 月 8 日，习近平总书记在“不忘初心、牢记使命”主题教育总结大会上的讲话中指出：“我们党是一个有着九千多万名党员、四百六十多万个基层党组织的党，是一个在十四亿人口的大国长期执政的党，是中国特色社会主义事业的坚强领导核心，党的自身建设历来关系重大、决定全局。”[①]他指出，在我们党长期执政条件下，各种弱化党的先进性、损害党的纯洁性的因素无时不有，各种违背初心和使命、动摇党的根基的危险无处不在，党内存在的思想不纯、政治不纯、组织不纯、作风不纯等突出问题尚未得到根本解决。他还具体分析说：“当前，少数党员、干部自我革命精神淡化，安于现状、得过且过；有的检视问题能力退化，患得患失、讳疾忌医；有的批评能力弱化，明哲保身、装聋作哑；有的骄奢腐化，目中无纪甚至顶风违纪，违反党的纪律和中央八项规定精神问题屡禁不止。”[②]各地区各部门都要摆摆表现，找找差距，抓住主要矛盾和矛盾的主要方面，特别要针对表态多调门高、行动少落实差等突出问题，拿出过硬措施，扎扎实实地改。各级领导干部要带头转变作风，身体力行，以上率下，形成“头雁效应”。

三、优良作风是适应新的历史方位的现实要求

中国特色社会主义进入新时代，标志着中国共产党开创的中国特色社会主义事业进入一个崭新的历史境界和发展阶段。从发展进程来看，新时代就是一个中国特色社会主义事业不断发展，在新的历史条件下继续夺取事业伟大胜利的时代；从现代化建设来看，从现在起，中国共产党的中心任务就是团结带领全国各族人民全面建成社会主义现代化强国、实现第二个百年奋斗目标，以中国式现代化全面推进中华民族伟

① 《习近平关于力戒形式主义官僚主义重要论述选编》，中央文献出版社 2020 年版，第 7—8 页。

② 《习近平关于力戒形式主义官僚主义重要论述选编》，中央文献出版社 2020 年版，第 12—13 页。

大复兴；从实现人民幸福来看，新时代就是一个各族人民团结一心、共创美好生活，并逐步实现共同富裕的时代；从实现民族复兴来看，新时代就是一个所有中华儿女勠力同心、奋力实现中华民族伟大复兴的中国梦的时代；从实现全人类发展来看，新时代就是一个中国日益走近世界舞台中央、不断为人类作出更大贡献的时代。毋庸置疑，进入新时代，不但在中华人民共和国和中华民族发展史上有着重大意义，而且在世界社会主义和人类社会发展史上也有着重大意义。新时代新的历史方位，要求我们党必须把党的优良作风继承好、发扬好，确保始终植根于人民、服务于人民。

进入新时代，首先中国社会主要矛盾已经转化为人民日益增长的美好生活需要和不平衡不充分的发展之间的矛盾。这是对中国发展状况的全新而深刻的认识。就社会需求而言，中国人民的生活水平有了极大提高，对美好生活的需求日益广泛，再跟以前一样只讲“物质文化需要”已经明显不够了。就社会生产而言，中国的生产力水平已经有了显著提高，很多方面的生产能力已经进入世界前列，经济总量稳居世界第二，供给状况已经有了根本改观，若是再跟以往那样只讲“落后的社会生产”已经不符合实际了。可以说，影响满足人民美好生活需要的因素是多方面的，但在新时代主要是发展不平衡不充分，区域、城乡、群体之间的发展差异有待进一步缩小，为人民群众提供更多优质的社会公共产品。人民美好生活需要日益广泛，不仅对物质文化生活提出了更高要求，而且在民主、法治、公平、正义、安全、环境等方面的要求日益提高。社会主要矛盾的变化是关系全局的历史性变化，对党和国家工作提出了许多新要求。高质量发展是全面建设社会主义现代化国家的首要任务，我们要在继续推动发展的基础上，着力解决好发展不平衡不充分问题，大力提升发展质量和效益，更好满足人民在经济、政治、文化、社会、生态等方面日益增长的需要，更好推动人的全面发展、社会全面进步。

满足人民美好生活需要，还要正确看待群众自身发生的巨大变化。今天的群众，既非中国共产党领导革命时的群众，也不是计划经济条件下的群众。群众的独立性、民主意识都比过去极大增强了。群众的阶层分化明显。工人是我国社会结构中的一个重要阶层，总体上讲，工人阶级素质有所提高，但分化严重，原有社会地位和收入大体相当的工人队伍，分化为管理人员、专业技术人员、产业工人等不同的阶层，整体差别很大。农民是指农村的劳动力，他们占有中国人口的大部分。党的十一届三中全会以来，农村的变化最为引人注目，分化也最为显著。除工人、农民外，还出现了新的社会阶层。它主要是由个体劳动者、私营企业主两个群体组成。人民群众自身这些巨大变化，对我们党的执政提出了更高的要求，这些都需要优良的作风作保障，始终确保党制定的所有政策措施都能够正确反映并有利于妥善处理各种利益关系，都能够认真考虑和兼顾不同阶层不同方面群众的利益，最大限度地实现好维护好发展好最广大人民的根本利益。

第三节　发扬优良作风，永葆中国共产党人的奋斗精神

优良作风是中国共产党克敌制胜的重要法宝。在革命、建设、改革的长期实践中，过硬的作风为党和人民事业不断从胜利走向胜利提

供了坚强的保障。今后的道路无论多么艰辛，我们都必须认真坚持好、大力弘扬好党长期形成的一系列优良作风，其中的关键就是要永远保持艰苦奋斗的革命精神。

一、奋斗精神始终激励着中国共产党人

中国共产党的成立，是近代中国社会矛盾发展和人民斗争深入的必然结果。1840 年以后，由于西方列强的入侵，中国逐渐成为半殖民地半封建社会，中国人民受到帝国主义、封建主义的双重压迫，民族危机和社会危机空前深重，中华民族面临着亡国的危险。从 1840 年鸦片战争到 1921 年中国共产党成立，中国人民为了反对帝国主义和封建主义进行了 80 多年英勇顽强的斗争，但这些斗争都没有给中国人民指出正确的斗争方向和前进的道路，也不可能完成推翻帝国主义和封建主义的革命任务。中国期待着新的社会力量寻找先进理论，以开创救国救民的道路。于是，以马克思列宁主义为指导，建立一个无产阶级政党，领导进行反帝反封建的革命，就被提到了日程上来。1921 年 7 月 23 日，中国共产党第一次全国代表大会在上海召开。从此，在古老的中国出现了一个崭新的以实现共产主义为理想、以马克思列宁主义为行动指南的无产阶级政党，这是中国历史上开天辟地的大事变。

中国共产党的百年历史，就是一部长期奋斗史。在波澜壮阔的党的奋斗进程中，一代又一代中国共产党人团结带领广大中国人民攻克了一个又一个难关，创造了一个又一个彪炳史册的人间奇迹。建党 100 多年来，党带领全国人民，不怕牺牲，排除万难，团结奋

斗，书写了人类发展史上惊天地、泣鬼神的壮丽史诗，集中体现为完成和推进了三件大事。第一件大事，我们党紧紧依靠人民完成了新民主主义革命，实现了民族独立、人民解放。经过北伐战争、土地革命战争、抗日战争、解放战争，党和人民进行 28 年浴血奋战，打败日本帝国主义侵略，推翻国民党反动统治，建立了中华人民共和国。新中国的成立，使人民成为国家、社会和自己命运的主人，实现了我国从几千年封建专制制度向人民民主制度的伟大跨越，彻底结束了旧中国半殖民地半封建社会的历史，彻底结束了旧中国一盘散沙的局面，彻底废除了列强强加给我国的不平等条约和帝国主义在我国的一切特权。中国人民从此站起来了，中华民族发展进步开启了新的历史纪元。第二件大事，我们党紧紧依靠人民完成了社会主义革命，确立了社会主义基本制度。我们创造性地实现由新民主主义到社会主义的转变，使占世界人口 1/4 的东方大国进入社会主义社会，实现了我国历史上最广泛最深刻的社会变革。我们建立起独立的、比较完整的工业体系和国民经济体系，积累了在这样一个社会生产力水平十分落后的东方大国进行社会主义建设的重要经验。第三件大事，我们党紧紧依靠人民进行了改革开放新的伟大革命，开创、坚持、发展了中国特色社会主义。党的十一届三中全会以来，党总结我国社会主义建设经验，同时借鉴国际经验，以巨大的政治勇气、理论勇气、实践勇气实行改革开放，经过艰辛探索，形成了党在社会主义初级阶段的基本理论、基本路线、基本纲领、基本经验，建立和完善社会主义市场经济体制，坚持全方位对外开放，推动社会主义现代化建设取得举世瞩目的伟大成就。特别是党的十八大以来，我们党团结带领中国人民进行伟大斗争、建设伟大工程、推进伟大事业、实现伟大梦想，推动党和国家事业取得全方位、开创性历史成就，发生深层次、根本性历史变革，中华民族迎来了伟大复兴的光明前景。

二、新时代要永远保持共产党人的奋斗精神

一个时代有一个时代的主题，一代人有一代人的使命。只有依据时代的主题，自觉担负时代所赋予的历史使命来拼搏奋斗，才有可能书写出符合时代要求的壮丽篇章。中华民族是一个敢于构筑梦想、擅长圆梦、让梦想成真的民族，中国人自古就懂得梦想不惮于远大，关键取决于行动，再远大的理想、再瑰丽的梦想，都需要一步一个脚印去实现。我们共产党人必须永远保持奋斗精神，脚踏实地，实干兴邦。

永远保持奋斗精神，是不忘初心、牢记使命的必然要求。习近平总书记一再强调："只有不忘初心、牢记使命、永远奋斗，才能让中国共产党永远年轻。"[①] 不忘初心，就要永远与人民同呼吸、共命运、心连心，永远把人民对美好生活的向往作为奋斗目标，始终为党和人民的事业、为群众的利益奋不顾身，勇于献身，乐于奉献。牢记使命，就是以壮士断腕的勇气和斗志，进行伟大斗争、建设伟大工程、推进伟大事业、实现伟大梦想攻坚克难、奋力开拓，在战胜一个又一个艰难险阻中艰苦奋斗、奋勇向前，不断为实现中华民族的伟大复兴开辟道路。

在新时代，要把弘扬奋斗精神作为推动事业发展进步、实现人

① 《习近平谈治国理政》第 3 卷，外文出版社 2020 年版，第 497 页。

民生活幸福的重要精神动力。一是必须坚定理想信念。“志不立，天下无可成之事。”每一位共产党人都要筑牢马克思主义信仰，自觉加强思想改造，坚持共产党人的价值观，不断坚定和提高政治觉悟。要增强“四个意识”，把握正确政治方向，坚定站稳政治立场，严格遵守政治纪律，保持政治定力，始终在思想上政治上行动上同以习近平同志为核心的党中央保持高度一致。要树立正确的世界观、权力观、事业观，无论遇到什么困难和挫折，都不能动摇或背离理想信念，始终坚定中国特色社会主义的道路自信、理论自信、制度自信、文化自信。忠诚于党、忠诚于人民，把个人抱负同党和国家的前途命运紧密联系在一起，吃苦在前，享受在后，在推动发展、造福人民群众中实现人生价值。二是必须发扬实干精神。当前，我们正处于重大历史机遇最为集中的时期，处于各种优势最能有效释放的时期，处于发展跨越提升最为关键的时期。这就要求我们中国共产党人必须有一种责任重于泰山的使命感，勇敢承担起攻坚克难的重任，不驰于空想、不骛于虚声，做到刚健有为、自强不息，对工作任劳任怨、尽心竭力、善始善终、善作善成。要深入学习贯彻习近平新时代中国特色社会主义思想，坚持以人民为中心的发展思想，直面矛盾、破解难题，不畏难、不避险，真抓实干，务求实效，为初心和使命奋斗，为中国特色社会主义事业奋斗。三是必须进行伟大斗争。我们党团结带领人民有效应对重大挑战、抵御重大风险、克服重大阻力、解决重大矛盾，必须进行具有许多新的历史特点的伟大斗争，任何贪图享受、消极懈怠、回避矛盾的思想和行为都是错误的。要坚决反对一切削弱、歪曲、否定党的领导和我国社会主义制度的言行，坚决反对一切损害人民利益、脱离群众的行为，坚决破除一切顽瘴痼疾，坚决反对一切分裂祖国、破坏民族团结和社会和谐稳定的行为，坚决战胜一切在政治、经济、文化、社会等领域和自然界出现的困难和挑战。四是必须勇于改革创新。“改革开放是当代中国最鲜明的特色，是我们党在新的历史时期最鲜明的旗帜。”[①] 我们前行的道路上，遇到的困难和问题都是难啃的“硬骨头”，每一个对我们都是新的考验。我们必须有勇于自我革命的勇气、坚韧不拔的毅力，敢于冲破思想观念的束缚，敢于向顽瘴痼疾开刀，敢于触及深层次的利益关系和矛盾，涉深水，过险滩，清除妨碍社会生产力发展的体制机制障碍，把党的伟大事业不断推向前进。

本章阅读材料

立志做党光荣传统和优良作风的忠实传人
在新时代新征程中奋勇争先建功立业[②]

2021年3月1日，习近平总书记在春季学期中共中央党校（国家行政学院）中青年干部培训班开班式上发表重要讲话强调，不论过去、现在还是将来，党的光荣传统和优良作风都是激励我们不畏艰难、勇往直前的宝贵精神财富。年轻干部是党和国家事业接班人，必须立志做党的光荣传统和优良作风的忠实传人，不断增强意志力、坚忍力、自制力，在新时代全面建设社会主义现代化国家新征程中奋勇

① 《十八大以来重要文献选编》（下），中央文献出版社2018年版，第351页。

② 参见《习近平在中央党校（国家行政学院）中青年干部培训班开班式上发表重要讲话强调　立志做党光荣传统和优良作风的忠实传人　在新时代新征程中奋勇争先建功立业》，《人民日报》2021年3月2日。

争先、建功立业，努力创造无愧于党、无愧于人民、无愧于时代的业绩！

习近平总书记强调，我们党团结带领人民取得了革命、建设、改革的伟大成就，很重要的一条就是我们党在长期实践中培育并坚持了一整套光荣传统和优良作风。这些光荣传统和优良作风是我们党性质和宗旨的集中体现，是我们党区别于其他政党的显著标志。党要得到人民群众支持和拥护，就必须持之以恒发扬党的光荣传统和优良作风。

习近平总书记指出，当今世界，百年未有之大变局正加速演进，我国正处在实现中华民族伟大复兴的关键时期，全面建成小康社会取得伟大历史性成就，脱贫攻坚战取得全面胜利，全面建设社会主义现代化国家新征程顺利开启，同时我们在前进道路上仍面临着许多难关和挑战。风险越大、挑战越多、任务越重，越要加强党的作风建设，以好的作风振奋精神、激发斗志、树立形象、赢得民心。

习近平总书记强调，对党忠诚，是共产党人首要的政治品质。我们党一路走来，经历了无数艰险和磨难，但任何困难都没有压垮我们，任何敌人都没能打倒我们，靠的就是千千万万党员的忠诚。对党忠诚，必须一心一意、一以贯之，必须表里如一、知行合一，任何时候任何情况下都不改其心、不移其志、不毁其节。年轻干部要以先辈先烈为镜、以反面典型为戒，不断筑牢信仰之基、补足精神之钙、把稳思想之舵，以坚定的理想信念砥砺对党的赤诚忠心。要自觉加强政治历练，接受严格的党内政治生活淬炼，不断提高政治判断力、政治领悟力、政治执行力，使自己的政治能力同担任的工作职责相匹配。要立志为党分忧、为国尽责、为民奉献，勇于担苦、担难、担重、担险，以实际行动诠释对党的忠诚。

习近平总书记指出，我们党的历史反复证明，什么时候理论联系实际坚持得好，党和人民事业就能够不断取得胜利；反之，党和人民事业就会受到损失，甚至出现严重曲折。理论联系实际，前提是学懂弄通理论、掌握思想真谛。年轻干部要刻苦钻研马克思主义基本原理特别是新时代党的创新理论成果，努力掌握蕴含其中的立场观点方法、道理学理哲理，做到知其言更知其义、知其然更知其所以然。要深入学习党的理论创新成果，前后贯通学、及时跟进学，运用党的科学理论优化思想方法，解决思想困惑，检视自身思想作风和精神状态，牢固树立正确的世界观、人生观、价值观和权力观、政绩观、事业观，使自己的思维方式和精神世界更好适应事业发展需要。要坚持实事求是、求真务实，从实际出发谋划事业和工作，使提出的点子、政策、方案符合实际情况、符合客观规律、符合科学精神，以创造性工作把党中央决策部署落到实处。要坚持真抓实干、狠抓落实，一切工作都要往实里做、做出实效，不好高骛远、不脱离实际，力戒形式主义、官僚主义。要把做老实人、说老实话、干老实事作为人生信条，这样才能真正立得稳、行得远。

习近平总书记强调，人民是我们党的力量源泉，我们党根基在人民、血脉在人民，必须把人民放在心中最高位置，始终以百姓心为心。共产党的干部要坚持当“老百姓的官”，把自己也当成老百姓，不要做官当老爷，在这一点上，年轻干部从一开始就要想清楚，而且要终身牢记。年轻干部无论是立身处世还是从政干事，首先要解决好“我是谁、为了谁、依靠谁”的问题，不断追求“我将无我，不负人民”的精神境界。要拜人民为师，甘当小学生，特别要多交几个能说心里话的基层朋友，这样才有利于了解真实情况，才有利于把工作做好。要牢记我们党为人民谋幸福、为民族谋复兴的初心使命，始终坚守党全心全意为人民服务的根本宗旨，用心用情用力解决好群众“急难愁盼”问题，让群众有更多、更直接、更实在的获得感、幸福感、安全感。

习近平总书记指出，我们共产党人开展自我批评，根本动力来自党性，来自对党和人民事业高度负责的精神。年轻干部要有“检身若不及”的自觉，经常对照党的理论、对照党章党规党纪、对照初心使命、对照党中央部署要求，主动查找、勇于改正自身的缺点和不足。要本着对党、对事业、对同志高度负责的精神大胆开展批评，帮助同志发现缺点、改正错误，团结同志一道前进。要涵养虚心接受批评的胸怀和气度，胸襟开阔、诚恳接受，有则改之、无则加勉。

习近平总书记强调，敢于斗争是我们党的鲜明品格。我们党依靠斗争走到今天，也必然要依靠斗争赢得未来。开启全面建设社会主义现代化国家新征程，立足新发展阶段、贯彻新发展理念、构建新发展格局，面临的风险和考验一点也不会比过去少。年轻干部要自觉加强斗争历练，在斗争中学会斗争，在斗争中成长提高，努力成为敢于斗争、善于斗争的勇士。要坚定斗争意志，不屈不挠、一往无前，决不能碰到一点挫折就畏缩不前，一遇到困难就打退堂鼓。要善斗争、会斗争，提升见微知著的能力，透过现象看本质，准确识变、科学应变、主动求变，洞察先机、趋利避害。要加强战略谋划，把握大势大局，抓住主要矛盾和矛盾的主要方面，分清轻重缓急，科学排兵布阵，牢牢掌握斗争主动权。要增强底线思维，定期对风险因素进行全面排查。要善于经一事长一智，由此及彼、举一反三，练就斗争的真本领、真功夫。

习近平总书记指出，年轻干部要接过艰苦奋斗的接力棒，以一往无前的奋斗姿态和永不懈怠的精神状态，勇挑重担、苦干实干，在新时代新征程中留下许党报国的奋斗足迹。节俭朴素，力戒奢靡，是我们党的传家宝。现在，我们生活条件好了，但艰苦奋斗的精神一点都不能少，必须坚持以俭修身、以俭兴业，坚持厉行节约、勤俭办一切事情。年轻干部要时刻警醒自己，培育积极健康的生活情趣，坚决抵制享乐主义、奢靡之风，永葆共产党人清正廉洁的政治本色。

第七章

坚持以严的基调
强化正风肃纪

中国共产党与不良作风、贪污腐败水火不容。党的十八大以来，我们坚定不移推进全面从严治党，一体推进不敢腐、不能腐、不想腐，始终坚持严的主基调，持续深入正风肃纪反腐，深化标本兼治，将好传统带进新征程，将好作风在新时代弘扬，反腐败斗争取得压倒性胜利并全面巩固。党的二十大继续强调，坚持以严的基调强化正风肃纪，坚决打赢反腐败斗争攻坚战持久战。2023 年 1 月 9 日，习近平总书记在二十届中央纪委二次全会上发表重要讲话强调，要一刻不停推进全面从严治党，保障党的二十大决策部署贯彻落实。他强调，反腐败斗争形势依然严峻复杂，遏制增量、清除存量的任务依然艰巨。必须深化标本兼治、系统治理，一体推进不敢腐、不能腐、不想腐。

第一节　从严治党是我们党的优良传统和政治优势

从党的历史发展来看，从严治党、开展严肃认真的党内政治生活是中国共产党历史上长期形成的优良传统。从“从严治党”到习近平总书记提出的“全面从严治党”，既是历史的传承，是党建理论发展的逻辑必然。回顾党的历史上“从严治党”的光荣传统，会更进一步加深我们对“全面从严治党”的认识和理解。

一、建党之初就重视党的建设

我们党在成立初期就把党建摆在非常重要的位置。早在1926年蔡和森在《中国共产党史的发展（提纲）——中国共产党的发展及其使命》一文中，就开始使用“党的生活”“党的政治生活”“党的内部生活”“党内政治生活”[①]等词句；1927年李维汉从共产国际代表讲话中听到“党内政治生活”一词，其后他也开始使用。

1927年5月至6月间，经党的五大讨论，中共中央政治局讨论通过的《中国共产党第三次修正章程决案》第一次把“党的建设”列为党章的专门章节（第二章）。1939年，毛泽东在《〈共产党人〉发刊词》中第一次把党的建设（建设一个全国范围的、广大群众性的、思想上政治上组织上完全巩固的布尔什维克化的中国共产党）看作是“伟大的工程”，而且把统一战线、武装斗争、党的建设看作是中国共产党战胜敌人的“三大法宝”。

党的建设最重要的是思想建党。1929年12月，红军第四军的共产党内存在着各种非无产阶级的思想，极大妨碍了对于党的正确路线的执行，影响了红军所肩负的任务和使命的完成。针对这种情况，毛泽东主持召开了古田会议，即中共红四军第九次代表大会，首次提出了从思想上建党的问题。在《古田会议决议》中留下了光辉的篇章——《关于纠正党内的错误思想》。文章对于单纯军事观点、极端民主化、非组织观点、绝对平均主义、主观主义、个人主义、流寇思想和盲动主义残余进行了分析批判，纠正了这些错误思想，对红四军

① 参见《蔡和森文集》（下），人民出版社2013年版，第785—840页。

的党员和官兵进行教育，使他们认识到，红军绝不是单纯地打仗，除了打仗消灭敌人的军事力量外，还要担负宣传群众、组织群众、武装群众并帮助群众建设革命政权的任务。共产党领导的新型人民军队应该保持无产阶级的性质，建立在马克思列宁主义基础之上。这是我们党抓思想建党的最早的范例。

组织建党最早的范例是1927年9月“三湾改编”时提出的“支部建在连上”。“支部建在连上”是党在军队内加强组织建设的举措，主要是解决党指挥枪的问题。在军队内建立党的各级组织和党代表制度，“支部建在连上”，班排设党小组，连以上设党代表，营团建立党委，部队由毛泽东为书记的中共前敌委员会统一领导。“三湾改编”标志着从组织上确立了中国共产党对军队的绝对领导。

加强纪律建设，把纪律和规矩挺在前面。中国共产党第二次全国代表大会确立了党的第一个章程，在其第四章中就专门讲纪律，其中就有党员个人服从组织，下级机关须完全执行上级机关之命令，少数绝对服从多数的内容，对于有六种情况的党员要开除出党，比如，言论行动有违背本党宣言、章程及大会各执行委员会之议决案，无故连续二次不到会，欠缴党费三个月，无故连续四个星期不为本党服务，经中央执行委员会命令其停止出席、留党察看期满而不改悟，泄漏党的秘密等都要开除出党。[①]可见，中国共产党在成立之初就把纪律挺在前面，而且纪律还十分严格。

党的五大通过的《中国共产党第三次修正章程决案》第九章专门讲纪律，强调：“严格党的纪律是全体党员及全体党部最初的最重要

① 《建党以来重要文献选编》第1册，中央文献出版社2011年版，第167—168页。

的义务，党部机关之决议，应当敏捷的与正确的执行之，但对于党内一切争论问题，在未决定以前，得完全自由讨论之。”“不执行上级机关的决议及其他破坏党的行为，即认为违背党的共同意志而处罚之。”“党的一切决议取决于多数，少数绝对服从多数。”[①] 这里讲的是政治纪律、组织纪律和大局意识，也是贯彻党的民主集中制的具体体现。

党的制度建设主要体现在对民主集中制的不断发展和完善。1927 年 6 月 1 日，中共中央政治局会议通过了《中国共产党第三次修正章程决案》，除了第一次把“党的建设”单独作为重要章节外，更为突出的是在“党的建设”这一章的头两条中第一次表述了我们党的“民主集中制”。“党部的指导原则为民主集中制”“按照民主集中制的原则在一定区域内建立这一区域内党的最高机关，管理这一区域内党的部分组织。”[②]

1928 年 6 月至 7 月间，党的六大制定和通过了新的党章，在这个党章中明确指出，中国共产党的组织原则为民主集中制，而且第一次规定了民主集中制的三项根本原则。“民主集中制的根本原则如下：（1）下级党部与高级党部由党员大会、代表会议及全国大会选举之。（2）各级党部对选举自己的党员，应作定期的报告。（3）下级党部一定要承认上级党部的决议，严守党纪，迅速且切实的执行共产国际执行委员会和党的指导机关之决议。”[③]

1935 年 1 月中共中央政治局在贵州遵义召开的扩大会议，是坚

① 《建党以来重要文献选编》第 4 册，中央文献出版社 2011 年版，第 275 页。
② 《建党以来重要文献选编》第 4 册，中央文献出版社 2011 年版，第 268 页。
③ 《建党以来重要文献选编》第 5 册，中央文献出版社 2011 年版，第 472 页。

持民主集中制的典范。博古在会议上作关于反对第五次“围剿”的总结报告，他把反“围剿”失败的主要原因归于帝国主义和国民党反动力量过于强大、白区工作领导不力、游击战争发展薄弱、各苏区红军配合不够、后方物资供应不足等。周恩来在博古的主报告之后作了副报告，他指出第五次反“围剿”的失败主要原因是军事领导的战略战术错误，并主动承担责任，作了自我批评，同时也批评了博古、李德的错误。张闻天按照会前与毛泽东、王稼祥共同商量的意见，作反对“左”倾军事错误的报告。他列举大量事实说明第五次反“围剿”的失败主要是博古、李德在军事上犯了一系列的严重错误，违反了红军过去开展运动战、游击战的基本原则。张闻天的报告系统性、理论性、逻辑性都很强，很有说服力。接着毛泽东作了系统的长篇发言，指出第五次反“围剿”以来的一系列失败和挫折，主要是军事上的单纯防御路线，表现为进攻时的冒险主义、防御时的保守主义和突围时的逃跑主义，公开批评了博古和李德的错误，受到了与会大多数同志的拥护。王稼祥、朱德、刘少奇等同志也相继发言，不同意博古的总结报告，同意毛泽东、张闻天提出的意见。博古主持会议，成为主要受批评的对象之一，但他没有利用职权压制不同意见，体现出良好的民主精神和素养，整个会议充分发扬民主，使不同意见充分交流和碰撞。最后会议形成了中央的集体决定，增选毛泽东为中央政治局常务委员，委托张闻天起草《中共中央关于反对敌人五次“围剿”的总结决议》，待中央政治局常委审查后，发到支部讨论；政治局常委再进行适当分工；取消在长征前成立的“三人团”，仍由朱德、周恩来指挥军事。周恩来为最后下决心的负责者。遵义会议后在向云南扎西地区进军途中，中央政治局常委进行分工，决定由张闻天代替博古负中央总的责任，毛泽东为周恩来在军事指挥上的帮助者。遵义会议结束了王明“左”倾冒险主义在中共中央的统治，确立了毛泽东为代表的新的中央的正确领导，是我们党第一次在没有共产国际的干预下，依靠民主集中制来解决我们党自己的问题。

1945 年 6 月召开党的七大，通过了新的《中国共产党党章》，新的党章确立了毛泽东思想的指导地位，把毛泽东思想作为党的指导思想写进了党章，而且七大党章还系统全面地阐发了民主集中制的科学内涵。党章声明，“中国共产党是按民主的集中制组织起来的，是以自觉的、一切党员都要履行的纪律联结起来的统一的战斗组织”[①]。“民主的集中制，即是在民主基础上的集中和在集中领导下的民主；其基本条件如下：（一）党的各级领导机关由选举制产生。（二）党的各级领导机关向选举自己的党的组织作定期的工作报告。（三）党员个人服从所属党的组织，少数服从多数，下级组织服从上级组织，部分组织统一服从中央。（四）严格地遵守党纪和无条件地执行决议。”[③]

1956 年 9 月党的八大通过的《中国共产党章程》对于党的民主集中制的表述则更为全面，而且在强调党的组织原则和政治纪律的同时，也融入了党的群众路线的思想。党章在总纲中指出：“中国共产党的组织原则是民主集中制。这就是在民主基础上的集中和在集中指导下的民主。党必须采取有效的办法发扬党内民主，鼓励一切党员、党的基层组织和地方组织的积极性和创造性，加强上下级之间的生动活泼的联系。”[③]“按照党的民主集中制，任何党的组织都必须严格遵守

① 《建党以来重要文献选编》第 22 册，中央文献出版社 2011 年版，第 535 页。
② 《建党以来重要文献选编》第 22 册，中央文献出版社 2011 年版，第 538—539 页。
③ 《建国以来重要文献选编》第 9 册，中央文献出版社 2011 年版，第 272 页。

集体领导和个人负责相结合的原则，任何党员和党的组织都必须受到党的自上而下的和自下而上的监督。”[①] 这里要求发挥基层党组织的积极性，加强党同人民群众的联系，体现了群众路线的思想；同时，指出了党要发挥集体领导和个人负责、集体决定的作用，并处理好集体与个人之间的辩证关系。

1957 年，毛泽东在《关于正确处理人民内部矛盾的问题》一文中指出，“在人民内部，不可以没有自由，也不可以没有纪律；不可以没有民主，也不可以没有集中。这种民主和集中的统一，自由和纪律的统一，就是我们的民主集中制。”[②] 毛泽东从矛盾的两个方面相互对立、相互依存、既对立又统一的角度，对民主集中制作出了科学的表述，闪耀着辩证法的光辉。

二、作风建设保障党走向胜利

党重视抓作风建设，最集中地体现在 1941 年到 1944 年我们党开展的延安整风运动，创造了通过整风集中解决党内突出问题的有效途径。

延安整风要解决的根本问题是马克思列宁主义理论同我国革命实际相结合，使马克思列宁主义具体化、民族化，纠正我们党的历史上和抗日战争中存在的各种右倾和“左”倾错误，例如历史上陈独秀右倾机会主义错误和土地革命时期遵义会议以前存在的“左”倾机会主义错误；抗日战争开始后“左”的关门主义倾向反对建立抗日民族统

---

① 《建国以来重要文献选编》第 9 册，中央文献出版社 2011 年版，第 273 页。
② 《毛泽东文集》第 7 卷，人民出版社 1999 年版，第 209 页。

一战线，右倾错误是王明的“一切通过统一战线”“一切服从统一战线”，放弃共产党的领导权和统一战线中的独立自主。通过整风运动，纠正错误，提高认识，统一全党思想，争取抗日战争的胜利。

延安整风的主要任务是，“反对主观主义以整顿学风，反对宗派主义以整顿党风，反对党八股以整顿文风”[①]。遵循的宗旨是：惩前毖后，治病救人。整风的主要方式是开展批评和自我批评，而开展批评和自我批评所遵循的原则是：“团结——批评——团结”和“知无不言，言无不尽”，“言者无罪，闻者足戒”，“有则改之，无则加勉”。[②]

延安整风运动是从学习开始的。最重要的是学习马克思列宁主义，掌握思想理论武器。延安整风的前奏是1938年10月党的六届六中全会，毛泽东认为，马克思列宁主义是“放之四海而皆准”的理论，“不应当把他们的理论当作教条看待，而应当看作行动的指南。不应当只是学习马克思列宁主义的词句，而应当把它当成革命的科学来学习”，不但应当了解他们“所得出的关于一般规律的结论，而且应当学习他们观察问题和解决问题的立场和方法”[③]。马克思列宁主义如何同中国的实际相结合、如何中国化？毛泽东突出强调两点，一是马克思列宁主义要具体化。“马克思列宁主义的伟大力量，就在于它是和各个国家具体的革命实践相联系的。对于中国共产党来说，就是要学会把马克思列宁主义的理论应用于中国的具体的环境。”“使马克思主义在中国具体化，使之在其每一表现中带着必须有的中国的特

① 《毛泽东选集》第3卷，人民出版社1991年版，第812页。
② 《毛泽东选集》第3卷，人民出版社1991年版，第1096页。
③ 《毛泽东选集》第2卷，人民出版社1991年版，第533页。

性，即是说，按照中国的特点去应用它，成为全党亟待了解并亟须解决的问题。”[①]二是马克思列宁主义要民族化。马克思列宁主义同中国的具体实际相结合要通过一定的民族形式才能实现，马克思列宁主义必须有中国老百姓所喜闻乐见的中国作风和中国气派，国际主义的内容和民族形式不能分离，二者必须紧密地结合起来。马克思列宁主义有了具体性、民族性就有了中国特点，“离开中国特点来谈马克思主义，只是抽象的空洞的马克思主义”[②]。毛泽东在这里对马克思主义中国化作了最精彩的表述。

反对主观主义以整顿学风，要解决的是对马克思主义的态度问题，解决如何把马克思主义的理论同中国革命的实际结合起来的问题。反对宗派主义以整顿党风，就是要理顺党内各种关系，增强看齐意识，步调一致。反对党八股以整顿文风，是和反对主观主义和宗派主义密切联系在一起的，因为党八股是主观主义和宗派主义的表现形式。“主观主义、宗派主义和党八股，这三种东西，都是反马克思主义的”[③]，整顿好了这“三风”，党风就转变了，党就纯洁了，党的战斗性就强了。

作风建设，除了延安整风之外，另外一个范例就是党的七届二中全会。在解放战争的“三大战役”取得全面胜利后，我们党的工作重心实现了从农村向城市的转变。1949 年 3 月，新中国成立前夕，党中央在西柏坡召开了党的七届二中全会，毛泽东站在新的历史方位和新的起点上，高瞻远瞩，告诫全党要保持清醒的头脑，不要被胜利

① 《毛泽东选集》第 2 卷，人民出版社 1991 年版，第 534 页。
② 《毛泽东选集》第 2 卷，人民出版社 1991 年版，第 534 页。
③ 《毛泽东选集》第 3 卷，人民出版社 1991 年版，第 833 页。

冲昏头脑，不要被敌人的“糖衣炮弹”所征服，他发出了“两个务必”的号召。毛泽东说：“夺取全国胜利，这只是万里长征走完了第一步。……中国的革命是伟大的，但革命以后的路程更长，工作更伟大，更艰苦。这一点现在就必须向党内讲明白，务必使同志们继续地保持谦虚、谨慎、不骄、不躁的作风，务必使同志们继续地保持艰苦奋斗的作风。”① 毛泽东把建设一个新中国比作“进京赶考”，争取要考出一个好成绩，跳出人亡政息的“历史周期率”。我们党要考出好成绩，就必须有个好作风，就要从小处着手，从自我做起。因此，毛泽东除了提出“两个务必”之外，在党的七届二中全会期间还提出了“六不”的规矩，即“一、不做寿；二、不送礼；三、少敬酒；四、少拍掌；五、不以人名作地名；六、不要把中国同志同马恩列斯平列。”“两个务必”加上“六不”的规矩，是新中国诞生前夕我们党转变作风的八项规定，是我们的事业走向胜利的保证。

三、“从严治党”写进党章

1987 年 10 月党的十三大正式提出“从严治党”，大会提出为了使我们党能经得起执政的考验，经得起改革开放的考验，消除新时期党内出现的各种腐败现象，对经不起考验的党员仅仅靠教育不能完全解决问题，必须从严治党，严肃执行党的纪律。从严治党，除了必须把少数腐败分子开除出党外，对绝大多数党员要进行教育，提高他们的素质。

1992 年 10 月，江泽民在党的十四大报告中指出：“我们一定要结

① 《毛泽东选集》第 4 卷，人民出版社 1991 年版，第 1438 — 1439 页。

合新的实际，遵循党的基本路线，坚持党要管党和从严治党，加强和改进党的建设，努力提高党的执政水平和领导水平，使我们这个久经考验的马克思主义的党，在建设有中国特色社会主义的伟大事业中更好地发挥领导核心作用。"[①] 党的十四大通过的《中国共产党章程（修正案）》第一次把"从严治党"写进了党章的总纲。"中国共产党要领导全国各族人民实现社会主义现代化的宏伟目标，必须紧密围绕党的基本路线加强党的建设，坚持从严治党，发扬党的优良传统和作风，提高党的战斗力，把党建设成为领导全国人民沿着有中国特色的社会主义道路不断前进的坚强核心。"[②] 党的十六大党章增加了"坚持党要管党，从严治党，发扬党的优良传统和作风，不断提高党的领导水平和执政水平，提高拒腐防变和抵御风险的能力，不断增强党的阶级基础和扩大党的群众基础，不断提高党的创造力、凝聚力、战斗力，使我们党始终走在时代前列，成为领导全国人民沿着中国特色社会主义道路不断前进的坚强核心"[③] 的内容。党的十七大党章增加了"加强党的执政能力建设和先进性建设，以改革创新精神全面推进党的建设新的伟大工程。坚持立党为公、执政为民"[④] 的内容。

党的十八大党章的新变化主要是增加了"整体推进党的思想建设、组织建设、作风建设、反腐倡廉建设、制度建设，全面提高党的建设科学化水平""建设学习型、服务型、创新型的马克思主义执政党"[⑤] 的内容。2014 年 12 月，习近平总书记在江苏考察时提出了"全

---

① 《十四大以来重要文献选编》（上），中央文献出版社 2011 年版，第 33 页。
② 《中国共产党第十四次全国代表大会文件汇编》，人民出版社 1992 年版，第 93 页。
③ 《中国共产党第十六次全国代表大会文件汇编》，人民出版社 2002 年版，第 64 页。
④ 《中国共产党第十七次全国代表大会文件汇编》，人民出版社 2007 年版，第 65 页。
⑤ 《中国共产党第十八次全国代表大会文件汇编》，人民出版社 2012 年版，第 70 页。

面从严治党”，并且把“全面从严治党”列入“四个全面”战略布局，正式宣布把管党治党提到前所未有的新高度，这应该看作是党的建设进入一个新的发展阶段。2016 年 1 月 12 日，习近平总书记在中国共产党第十八届中央纪律检查委员会第六次全体会议上的讲话中说“全面从严治党，核心是加强党的领导，基础在全面，关键在严，要害在治”①，赋予“全面从严治党”新的内涵。

由此可见，从“从严治党”到“全面从严治党”是我们党长期坚持、一以贯之的光荣传统，同时我们党结合革命、建设和改革不同历史时期的时代特征，与时俱进，不断发展，不断完善，形成了我们党自我净化、自我完善、自我革新、自我提高的独特政治优势。

第二节　坚决破除特权思想和特权行为

党的十八大以来，以习近平同志为核心的党中央以转变作风破题开局，严纠“四风”、严整党纪、严惩腐败，反复强调反对党内的特权思想、特权现象，进一步彰显了党深入转变作风、严惩消极腐败和全面深化改革的鲜明态度和坚定决心。特权思想和特权现象不仅严重侵蚀党的肌体、损害党的形象，而且严重破坏党群关系、败坏社会风气。匡正党风政风、净化社会风气、密切联系群众，要求我们党必须以更加坚定的信心、更加鲜明的态度、更加有力的措施，坚决反对特权思想和作风。

---

① 《习近平关于“不忘初心、牢记使命”论述摘编》，党建读物出版社、中央文献出版社 2019 年版，第 155 页。

一、深化思想教育，筑牢反对特权的思想堤坝

所谓特权，就是法律、制度规定之外的特殊权利。特权是腐败产生的思想根源和重要条件。特权问题的产生，有诸多方面的原因，但根子是权力观扭曲，法纪观念淡薄，思想这个“总开关”出了问题。特权破坏公平正义，诱发腐败，如果任其泛滥，必将贻害无穷。必须加强思想教育，使党员干部坚定理想信念，恪守党的宗旨，强化坚决反对特权的政治自觉。

以史为鉴吸取深刻教训。特权与腐败是一对孪生兄弟，是社会的毒瘤，古今中外因为统治集团享受特权、腐败盛行导致政权更替的例子比比皆是。苏共亡党丧权的最重要原因之一，是苏共内部形成了庞大的特权阶层，导致党越来越脱离群众，与人民离心离德，最终丧失民心。我们要深刻吸取历史教训，从事关党和国家命运前途的高度，从巩固党的执政地位的高度，充分认清特权问题的极端危害性和反对特权的极端重要性。

牢记宗旨坚守政治本色。我们党一贯旗帜鲜明地反对特权。不搞特权，是我们党区别于一切剥削阶级政党的重要标志，也是共产党人先进性、纯洁性的内在要求。领导干部应该像对待自己的眼睛那样珍爱党的形象，像对待自己的生命那样捍卫党的宗旨，划清公与私的界限，放弃那些不应享受的待遇，收回那些已经越界的权力，全心全意为群众谋利益。

身体力行坚守精神高地。反对特权必然会涉及掌权者的切身利益，缺乏自我革命的勇气，缺乏“自己跟自己过不去”的精神，就不可能立说立行。当前，一些作风问题之所以屡禁不止、周而复始，其

重要症结也在于此。领导干部对自身一些蜕化的思想、陈腐的陋习，应该像老鹰“脱毛换羽”那样作出坚定的抉择，以获得“重生”，翱翔蓝天。

二、加强权力监督，努力压减特权现象的生存空间

不受约束的权力必然滋生特权和腐败。加强监督制约，是确保权力正确规范运行的关键。

深化民主公开“晒”。阳光是最好的防腐剂。要研究探索拓展民主、深化公开的方法路子，防止暗箱操作、违规用权，让权力在阳光下运行。加强党内监督，执行民主集中制，推进重大事项决策刚性化程序建设，充分发挥全委会的决策和监督作用。深化事务和党务公开，做到全面公开、及时公开、真实公开。着力拓宽监督渠道，强化纪检监察、审计监督职能，注重运用组织、社会、家庭和舆论监督手段，建立全方位多角度的立体监督网络。

加强风险防控“堵”。坚持关口前移、预先防范，是对权力运行实施有效管控的重要经验。要突出对重点领域、重要工程和关键环节的监督，深入排查权力运行廉政风险，建立完善廉政档案。认真制定防控措施，对容易发生越权、滥用职权问题的风险点，研究制定具体管用、操作性强的规范措施。实施全程动态监控，加大巡视监督、纪律检查、行政监察、经济审计等监督力度，发现苗头提前预警，综合运用教育、监督、纠错等措施有效化解风险。

开展专项治理“纠”。针对群众反映强烈的突出问题，采取上下联动、条块治理的方式，扎实开展专项整治工作，抓一项成一项，积

小胜为大胜，以重点问题的突破促进特权问题的解决。特别是对那些群众普遍关注的问题，即使有其历史延续性和一定的合理性，也要拿出切实管用的办法下大力纠治，以实实在在的成效取信于民。

三、深化制度改革，真正把权力关进制度的笼子里

特权问题与制度机制缺失直接相关。在制度建设上，既有不够健全完善的问题，更有执行不严格的问题。反对特权必须强化制度约束，切实提高法规制度的权威性、严肃性和执行力。

编好制度的“笼子”。只有编好笼子，关住权力，才能管住特权。要努力构建结构合理、配置科学、程序严密、制约有效的权力运行机制，使决策权、执行权、监督权既相互制约又相互协调，确保权力在限定的范围和轨道上运行。下大力做好制度“废改立”工作，紧紧围绕特权问题易发多发领域，搞好建章立制，弥补制度缺失，使责权机制更科学，倒逼机制更管用，监督机制更常态，问责机制更严肃，切实把权力关进制度的笼子里。

扎紧执行的“口子”。法不严则不力，治不严则无获。要加强对制度执行情况的监督监察，实施严格的过程控制，重点查纠落实制度做选择、搞变通、打擦边球和虎头蛇尾、双重标准等问题，确保各项规章制度不折不扣地落实。加大对制度执行情况的问责力度，对随意变通、恶意规避甚至有令不行、有禁不止等破坏制度搞特权的行为，不仅要严肃查处当事人，还要追究有关领导的责任，使法规制度真正成为带电的“高压线”。

拓宽改革的“路子”。特权问题由来已久，必须用改革的思路、

创新的办法才能有效解决。要深入研究党员干部在用权、生活、交往等方面的新情况新问题，从源头上查找原因，堵塞漏洞。积极探索实践“制度＋科技”模式，形成权力运行的防火墙和制度执行的监控器，有效铲除特权问题滋生的空间。认真倾听基层呼声，回应社会关切，探索总结清理和规范的措施办法，及时将成熟的经验做法转化为制度机制，逐步推进有效破除特权问题。

四、加大惩治力度，严肃查处特权行为

特权是滋生腐败的温床。反对特权，惩治这一手决不能放松。惩治不力会助长歪风邪气，执纪不严会带来“破窗效应”，必须以坚强的党性原则和较真碰硬的责任担当反对特权。

对不正之风“零容忍”。充分发挥各级纪委的职能作用，既搭“高压线”又通“高压电”，做到真查真惩动真格，用有力查处保持强大压力，让搞特权的人意识到风险，搞腐败的人得不偿失，真正以儆效尤、正风肃纪。

“老虎”“苍蝇”一起打。既严肃查处大案要案，严肃查办发生在领导机关和领导干部中滥用职权、贪污贿赂等影响恶劣的违法违纪案件；又着力解决发生在群众身边的特权行为和不正之风，坚决革除污风陋习，让广大群众看到反对特权实实在在的成果。

注重发挥惩治的综合效益。坚持惩治和预防“两手抓、两手都要硬”，运用反面典型搞好警示教育，针对暴露出来的问题查找工作中的薄弱环节，举一反三，吸取教训，堵塞漏洞，发挥好查办案件的治本功能，推动反对特权的惩治成果向预防成果转化。

第三节　坚决打赢反腐败斗争攻坚战持久战

反腐败，事关党的生死存亡，也是国际上关注中国的焦点之一。党的十八大以来，我们党以壮士断腕的勇气、零容忍的态度应对重大风险考验和突出问题，持之以恒正风肃纪、反腐惩恶，消除了党和国家内部存在的严重隐患，逐步换来了“海晏河清，朗朗乾坤”。党的二十大强调，只要存在腐败问题产生的土壤和条件，反腐败斗争就一刻不能停，必须永远吹响冲锋号。

一、党反腐败的态度一以贯之

1934 年 1 月，毛泽东在中华苏维埃第二次全国工农兵代表大会上强调指出：“应该使一切政府工作人员明白，贪污和浪费是极大的犯罪。”[①]1949 年 3 月，毛泽东在党的七届二中全会上指出：“中国的革命是伟大的，但革命以后的路程更长，工作更伟大，更艰苦。这一点现在就必须向党内讲明白，务必使同志们继续地保持谦虚、谨慎、不骄、不躁的作风，务必使同志们继续地保持艰苦奋斗的作风。”[②]1951 年 11 月，毛泽东在为中央起草给西南局的电报中指出：“反贪污、反浪费一事，实是全党一件大事，我们已告诉你们严重地注意此事。我们认为需要来一次全党的大清理，彻底揭露一切大、中、小贪污事件，而着重打击大贪污犯，对中小贪污犯则取教育改造不使重犯的方针，才能停止很多党员被资产阶级所腐蚀的极大危险现象，才能克服

① 《毛泽东选集》第 1 卷，人民出版社 1991 年版，第 134 页。
② 《毛泽东选集》第 4 卷，人民出版社 1991 年版，第 1438 —1439 页。

二中全会所早已料到的这种情况，并实现二中全会防止腐蚀的方针，务请你们加以注意。”[①]1951 年 12 月，毛泽东在起草给华东局、福建省委的电报中指出：“应把反贪污、反浪费、反官僚主义的斗争看作如同镇压反革命的斗争一样的重要，一样的发动广大群众包括民主党派及社会各界人士去进行，一样的大张旗鼓去进行，一样的首长负责，亲自动手，号召坦白和检举，轻者批评教育，重者撤职、惩办、判处徒刑（劳动改造），直至枪毙一批最严重的贪污犯，才能解决问题。”[②]

1956 年 9 月，邓小平在党的八大上针对一些党员骄傲自满、官僚主义、大搞特权等现象，特别强调：“党决不能姑息这样的人，而脱离广大的群众。”[③]1983 年 10 月，邓小平在党的十二届二中全会上指出：“严重的经济犯罪和其他刑事犯罪分子，以权谋私、严重损害党和群众的关系的人，长期在政治上不同中央保持一致、或者表面上保持一致实际上另搞一套的人，等等。所有这些，都是党内的危险因素，腐败因素，是党内思想不纯、作风不纯、组织不纯的严重表现。”[④]1986 年 6 月，邓小平在中央政治局常委会会议上指出：“开放、搞活政策延续多久，端正党风的工作就得干多久，纠正不正之风、打击犯罪活动就得干多久，这是一项长期的工作，要贯穿在整个改革过程之中，这样才能保证我们开放、搞活政策的正确执行。”[⑤]1989 年 6 月 16 日，政治风波平息后，邓小平说：“但对我们来说，要整好我们

① 《毛泽东文集》第 6 卷，人民出版社 1999 年版，第 190 页。
② 《毛泽东文集》第 6 卷，人民出版社 1999 年版，第 191 页。
③ 《邓小平文选》第 1 卷，人民出版社 1994 年版，第 243 —244 页。
④ 《邓小平文选》第 3 卷，人民出版社 1993 年版，第 37 页。
⑤ 《邓小平文选》第 3 卷，人民出版社 1993 年版，第 164 页。

的党，实现我们的战略目标，不惩治腐败，特别是党内的高层的腐败现象，确实有失败的危险。新的领导要首先抓这个问题，这也是整党的一个重要内容。你这里艰苦创业，他那里贪污腐败，怎么行？”[①]

2002年11月，江泽民在党的十六大报告中告诫全党：“坚决反对和防止腐败，是全党一项重大的政治任务。不坚决惩治腐败，党同人民群众的血肉联系就会受到严重损害，党的执政地位就有丧失的危险，党就有可能走向自我毁灭。”[②]2007年10月，胡锦涛在党的十七大报告中指出：“全党同志一定要充分认识反腐败斗争的长期性、复杂性、艰巨性，把反腐倡廉建设放在更加突出的位置，旗帜鲜明地反对腐败。”[③]

党的十八大以来，习近平总书记在多个场合多次就如何打赢反腐败斗争发表了重要讲话，作出了重大部署，提出了重要要求，特别强调，勇于自我革命，是我们党最鲜明的品格，作风建设永远在路上，用铁的纪律管党治党，不断扎牢制度的笼子，夺取反腐败斗争压倒性胜利。

二、党反腐败的部署与时俱进

这主要体现在中共中央向全党颁发的各种文件、建立的各种机制和开展的各种运动、活动之中。

1926年8月，中共中央向全党颁布《关于坚决清洗贪污腐化分子的通告》，这是党的历史上第一个惩治贪污腐化分子的通告。1927

① 《邓小平文选》第3卷，人民出版社1993年版，第313—314页。
② 《江泽民文选》第3卷，人民出版社2006年版，第573页。
③ 《中国共产党第十七次全国代表大会文件汇编》，人民出版社2007年版，第53页。

年 5 月，党的五大在选举中央委员会的同时，选举产生了中央监察委员会。中央监察委员会是党中央第一个中央级的专门纪律监督机构。1927 年 11 月，中共中央临时政治局扩大会议决定从中央到地方建立并实行巡视制度。在党的六大之后，巡视制度得到进一步强化。1933 年 12 月 15 日，中央执行委员会发布了《关于惩治贪污浪费行为》的第二十六号训令。1937 年 8 月，洛川会议通过了《中国共产党抗日救国十大纲领》。该纲领阐明了党在抗日战争时期的政治主张，其中第四条“改革政治机构”中提出要“实行地方自治，铲除贪官污吏，建立廉洁政府”① 的政治主张，明确提出了建设“廉洁政府”的目标任务。1949 年 3 月，在党的七届二中全会上，根据毛泽东的提议，通过了防止资产阶级腐蚀、反对突出个人的六条规定：（1）不做寿；（2）不送礼；（3）少敬酒；（4）少拍掌；（5）不以人名作地名；（6）不要把中国同志同马恩列斯平列。这些规定成为党的重要纪律。

1949 年 11 月 9 日，中共中央政治局通过《中共中央关于成立中央及各级党的纪律检查委员会的决定》。1950 年 5 月 1 日，中共中央发出《中共中央关于在全党全军开展整风运动的指示》；1951 年 2 月，中共中央发出《中共中央政治局扩大会议决议要点》，对为期三年的整党作出了安排；1951 年 12 月 1 日，中共中央作出《中共中央关于实行精兵简政、增产节约、反对贪污、反对浪费和反对官僚主义的决定》。

1980 年 2 月，党的十一届五中全会通过《关于党内政治生活的若

① 《建党以来重要文献选编》第 14 册，中央文献出版社 2011 年版，第 476 页。

干准则》。1982 年 9 月，党的十二大通过了新的《中国共产党章程》。十二大党章专门设了“党的纪律”和“党的纪律检查机关”两章，对党的各级纪律检查机关的产生、领导体制、任务与职权等方面，作了新的重要规定。1993 年 11 月，十四届中央纪委三次全会将领导干部廉洁自律、查处案件、纠正部门和行业不正之风确立为反腐败三项工作格局。2001 年 9 月，党的十五届六中全会通过《中共中央关于加强和改进党的作风建设的决定》。2002 年 11 月，党的十六大明确提出：“改革和完善党的纪律检查体制，建立和完善巡视制度。”①2004 年 9 月，党的十六届四中全会通过《中共中央关于加强党的执政能力建设的决定》，指出，“以解决群众反映的突出问题为重点，坚决纠正损害群众利益的不正之风；以查处发生在领导机关和领导干部中滥用权力、谋取私利的违法违纪案件为重点，严厉惩处腐败分子”，同时提出“坚持标本兼治、综合治理，惩防并举、注重预防，抓紧建立健全与社会主义市场经济体制相适应的教育、制度、监督并重的惩治和预防腐败体系”。②2007 年，党的十七大对党章作了 15 个方面的重要修改。其中，跟反腐败斗争相关的有：把反腐倡廉方针、惩治和预防腐败体系写入了党章；增写了加强监督的四项重大制度；对党员、党的基层组织、党的干部提出了更高要求。

党的十八大以来，中国共产党全面加强党的领导和党的建设，坚决改变管党治党宽松软状况。推动全党尊崇党章，增强政治意识、大局意识、核心意识、看齐意识，坚决维护党中央权威和集中统一领

① 《十六大以来重要文献选编》(上)，中央文献出版社 2011 年版，第 28 页。
② 《十六大以来重要文献选编》(中)，中央文献出版社 2011 年版，第 295 页。

导，严明党的政治纪律和政治规矩，层层落实管党治党政治责任。按照“照镜子、正衣冠、洗洗澡、治治病”的总要求，开展党的群众路线教育实践活动和“三严三实”专题教育，推进“两学一做”学习教育常态化制度化，全党理想信念更加坚定、党性更加坚强。

三、巩固发展反腐败斗争压倒性胜利

我们强调的不敢腐，侧重于惩治和威慑，坚持什么问题突出就重点解决什么问题，让意欲腐败者在带电的“高压线”面前不敢越雷池半步，形成持续震慑，坚决遏制蔓延势头。习近平总书记反复强调，从严治党，惩治这一手决不能放松。坚持“打虎”“拍蝇”“猎狐”一起抓，不管涉及谁，不管职位高低，都要一查到底，决不姑息。

（一）坚定不移惩治腐败，必须坚决查处大案要案

党的十八大以来，以习近平同志为核心的党中央严格依纪依法查处了一批大案要案，惩处了一大批腐败分子，形成了对腐败分子的高压态势，有效遏制了腐败的蔓延势头。力度空前的反腐败斗争，彰显了以习近平同志为核心的党中央巨大的政治勇气和历史担当，彰显了我们党“有腐必反，除恶务尽”的坚强决心与意志，有力证明了党内没有特殊党员，没有免罪的“丹书铁券”，也没有“铁帽子王”，在党的纪律面前人人平等。同时，也一再向全党特别是领导干部敲响警钟：位高不能擅权，权重不能谋私，非分之利面前千万“手莫伸，伸手必被捉”；贪腐深渊面前千万别失足，“一失足成千古恨”。

（二）坚定不移惩治腐败，必须切实解决发生在群众身边的不正之风和腐败问题

习近平总书记明确指出："我们说'老虎'、'苍蝇'一起打，有的群众说'老虎'离得太远，但'苍蝇'每天扑面。"[①] 这些发生在群众身边的不正之风和腐败问题，损害的是老百姓的切身利益，啃食的是群众的获得感，挥霍的是基层群众对党的信任，侵蚀的是基层政权。必须"抓早抓小"，加大查处力度，认真加以纠正和解决，切实维护群众利益，让群众更多感受到反腐倡廉的实际成果。人民群众反对什么、痛恨什么，就坚决防范和纠正什么。要把整治群众身边腐败和不正之风摆在更加突出位置，深入整治民生领域的"微腐败"、放纵包庇黑恶势力的"保护伞"、妨碍惠民政策落实的"绊脚石"，以更加精准有效的监督执纪执法回应群众期盼、增进民生福祉。

（三）坚定不移惩治腐败，必须坚决查处用人腐败

"治国之要，首在用人。"端正用人导向，惩治用人腐败，净化用人环境，确保按党的干部标准选好人用好人，不仅是坚持全面从严治党的要求，更是推进党和人民伟大事业的需要。党的十八大以来，按照党中央要求，各级党组织和各相关部门突出重点、有的放矢，打出了一套从严治吏的"组合拳"，着力整治干部选拔任用管理上的不正之风和腐败现象。中央修订和出台了《党政领导干部选拔任用工作条例》《关于防止干部"带病提拔"的意见》《关于领导干部报告个人有关事项的规定》等 20 多部关于干部选拔任用管理方面的政策法规，

① 《习近平关于全面从严治党论述摘编》，中央文献出版社 2016 年版，第 181 页。

立明规矩、破潜规则，从进、管、出等各个环节规范选人用人制度，扫除了用人上的一些顽症积弊，有效净化了用人风气。

（四）坚定不移惩治腐败，必须切断腐败分子逃避惩罚的后路

2014年1月14日，习近平总书记在十八届中央纪委三次全会上强调："国际追逃工作要好好抓一抓，各有关部门要加大交涉力度，不能让外国成为一些腐败分子的'避罪天堂'，腐败分子即使逃到天涯海角，也要把他们追回来绳之以法，五年、十年、二十年都要追，要切断腐败分子的后路。"[①] 按照中央部署，中央反腐败协调小组坚持追逃、防逃两手抓，建立国际追逃追赃工作专门机构和协调机制，开展"猎狐"专项行动和"天网"行动，发布"百名外逃人员红色通缉令"，同时深化同国际组织和有关国家的合作，向外逃腐败分子撒下了天罗地网，有力地切断了贪官外逃之路，一批外逃多年的犯罪分子陆续被缉拿归案。

（五）坚定不移惩治腐败，必须把纪律挺在前面

习近平总书记在十八届中央纪委六次全会上强调，要把纪律挺在前面，坚持纪严于法、纪在法前，用纪律管住全体党员。修订后的《中国共产党纪律处分条例》，为党员开列了负面清单，划出了行为红线，实现纪法分开、纪在法前、纪严于法。要综合分析违纪行为的性质，考虑认错悔错的态度，有效运用监督执纪"四种形态"，经常

① 《习近平关于协调推进"四个全面"战略布局论述摘编》，中央文献出版社2015年版，第133页。

开展批评和自我批评、约谈函询，让“红红脸、出出汗”成为常态；党纪轻处分、组织调整成为违纪处理的大多数；受党纪重处分、重大职务调整的成为少数；严重违纪涉嫌违法立案审查的成为极少数。收到了良好的效果。

（六）坚定不移惩治腐败，必须把不敢腐、不能腐、不想腐有效贯通起来

2023 年 1 月 9 日，习近平总书记在二十届中央纪委二次全会上发表重要讲话强调，要在不敢腐上持续加压，始终保持零容忍震慑不变、高压惩治力量常在，坚决惩治不收敛不收手、胆大妄为者，坚决查处政治问题和经济问题交织的腐败，坚决防止领导干部成为利益集团和权势团体的代言人、代理人，坚决防止政商勾连、资本向政治领域渗透等破坏政治生态和经济发展环境。要对比较突出的行业性、系统性、地域性腐败问题进行专项整治。要在不能腐上深化拓展，前移反腐关口，深化源头治理，加强重点领域监督机制改革和制度建设，健全防治腐败滋生蔓延的体制机制。要在不想腐上巩固提升，更加注重正本清源、固本培元，加强新时代廉洁文化建设，涵养求真务实、团结奋斗的时代新风。要把不敢腐、不能腐、不想腐有效贯通起来，三者同时发力、同向发力、综合发力，把不敢腐的震慑力、不能腐的约束力、不想腐的感召力结合起来。进一步健全完善惩治行贿的法律法规，完善对行贿人的联合惩戒机制。严厉打击那些所谓“有背景”的“政治骗子”。

2018 年 1 月 11 日，习近平总书记在十九届中央纪委二次全会上指出：“我们党强调不敢腐、不能腐、不想腐，揭示了反腐防腐的基

本规律。”[①]纵观古今中外的历史，无数事实证明，一个统治集团、一个执政党，如果不能有效地惩治腐败，如果让腐败任其发展，没有一个不丢权的，没有一个不灭亡的。纵观古今中外的历史，无数事实也证明，有效地惩治腐败，除加强对公职人员的教育外，健全反腐败法律法规，尽可能堵住导致腐败的漏洞是很重要的方面。通过加强教育，堵住漏洞，构筑一个不敢腐、不能腐、不想腐的体制机制，这是古今中外反腐防腐的基本规律。党的十八届四中全会从党和国家治国理政的高度明确提出“不敢腐、不能腐、不想腐”的要求。2019 年 1 月 11 日，习近平总书记在十九届中央纪委三次全会上的讲话中提出要深化标本兼治，夯实治本基础，不敢腐、不能腐、不想腐要一体推进。在 2020 年 1 月 13 日召开的十九届中央纪委四次全会上，他指出要把一体推进不敢腐、不能腐、不想腐作为“反腐败斗争的基本方针”。

2022 年 6 月 17 日，党的十九届中央政治局就一体推进不敢腐、不能腐、不想腐进行第四十次集体学习。习近平总书记在主持学习时强调，反腐败斗争关系民心这个最大的政治，是一场输不起也决不能输的重大政治斗争。要一体推进不敢腐、不能腐、不想腐，必须三者同时发力、同向发力、综合发力，把不敢腐的强大震慑效能、不能腐的刚性制度约束、不想腐的思想教育优势融于一体。从治标入手，把治本寓于治标之中，让党员干部因敬畏而“不敢”、因制度而“不能”、因觉悟而“不想”。

“不敢腐、不能腐、不想腐”是一个有机整体，是相互依存、相

---

① 《十九大以来重要文献选编》(上)，中央文献出版社 2019 年版，第 198 页。

互促进的，在实践中也不能分开。所谓一体推进，也就是严厉惩治形成威慑的同时，扎牢制度笼子规范权力运行，加强党性教育，提高思想的觉悟。“一体推进不敢腐、不能腐、不想腐，不仅是反腐败斗争的基本方针，也是新时代全面从严治党的重要方略。”[①]

第一，“不敢”是前提，就是不论什么人，不论其职务多高，只要触犯了党纪国法，都要受到严肃追究和严厉惩处。

旗帜鲜明地反对腐败，对任何腐败分子都必须依法严惩，决不姑息，是我们党反对腐败的一贯态度。党的十八大以来，一大批腐败官员相继落马，向全党全社会表明，我们所说的不论什么人，不论其职务多高，只要触犯了党纪国法，都要受到严肃追究和严厉惩处，决不是一句空话。只有实现了在反对腐败方面的力度大、惩罚严，才能在惩治腐败的高压态势之下使那些被惩治的腐败分子心有余悸，使想搞腐败或正搞腐败的人有所畏缩，才能增强警示力，有力地震慑那些腐败分子。但我们这里强调的“不敢”，除强调以严格的执法执纪使腐败分子在制度的刚性面前“不敢”外，还要强调让腐败分子敬畏党和人民、敬畏党纪国法。任何形式的腐败行为，都是对人民利益的侵害，都是对人民赋予的公共权力的亵渎，要让清廉深入人心，要让腐败不得人心。一方面利剑高悬，另一方面发展人民民主、接受人民监督。

第二，“不能”是关键，就是科学配置权力，加强重点领域监督制度改革和制度建设，推动形成不断完备的制度体系。

我们讲“把权力关进制度的笼子里”，这充分表明了制度对加强

① 《习近平谈治国理政》第 3 卷，外文出版社 2020 年版，第 549 页。

党风廉政建设和深入反腐败斗争的极端重要性。党的十八大以来，以习近平同志为核心的党中央着眼党和国家长治久安，坚持问题导向，加强顶层设计，改革完善监督制度，以党内监督为主导，推动各类监督贯通协调，党和国家监督从理论突破到实践创制、从重点监督到全面覆盖、从做强单体到系统集成，搭建起“四梁八柱”，中国特色社会主义监督制度逐步成熟定型，统筹贯通、常态长效的监督合力正在形成，发现问题、纠正偏差、促进治理功能不断增强。在防范形形色色的利益集团成伙作势、“围猎”腐蚀还任重道远，有效应对腐败手段隐形变异、翻新升级还任重道远，彻底铲除腐败滋生土壤、实现海晏河清还任重道远，清理系统性腐败、化解风险隐患还任重道远等，这些新的阶段性特征面前，要进一步深化对重点领域、关键岗位的体制改革，从源头上消除腐败得以滋生的土壤。

第三，“不想”是根本，就是加强理想信念教育，提高党性觉悟，涵养廉洁文化，夯实思想根基，分清荣辱，明辨是非，正确行使手中权力，自觉筑牢拒腐防变的思想道德防线。

加强党风廉政建设和反腐败斗争的教育，筑牢拒腐防变的思想道德防线，这是预防腐败的思想基础。要加强对广大党员特别是领导干部的党性修养和从政道德修养教育，使党员和各级领导干部讲党性、重品行、作表率，增强公仆意识，密切联系群众，做到为民、务实、清廉。要加强廉政文化的教育，打牢廉洁从政的思想政治基础。要大力培育和弘扬廉洁的价值理念，树立领导干部秉公用权、廉洁从政的价值理念，打牢廉洁从政的思想政治基础。要结合社会公德、职业道德、家庭美德、个人品德教育，培育公职人员是非荣辱观念。领导干部特别是高级干部要带头落实关于加强新时代廉洁文化建设的意见，从思想上固本培元，提高党性觉悟，增强拒腐防变能力。年轻干部要对党忠诚老实，坚定理想信念，牢记初心使命，正确对待权力，时刻自重自省，严守纪法规矩，扣好廉洁从政的“第一粒扣子”。

第四节　反腐败是最彻底的自我革命

习近平总书记在党的二十大报告中强调：“腐败是危害党的生命力和战斗力的最大毒瘤，反腐败是最彻底的自我革命。只要存在腐败问题产生的土壤和条件，反腐败斗争就一刻不能停，必须永远吹冲锋号。”[①] 迈上全面建设社会主义现代化国家新征程，我们党要跳出治乱兴衰的历史周期率，要时刻保持解决大党独有难题的清醒和坚定，确保党永远不变质、不变色、不变味，就必须以彻底的自我革命精神坚决打赢反腐败斗争攻坚战持久战，使百年大党不断焕发出蓬勃生机，始终成为中国人民最可靠、最坚强的主心骨。

一、自我革命是跳出历史周期率的第二个答案

自我革命精神是党永葆青春活力的强大支撑，勇于自我革命是中国共产党区别于其他任何政党的显著标志。在党的二十大上，习近平总书记强调，经过不懈努力，党找到了自我革命这一跳出治乱兴衰历史周期率的第二个答案，自我净化、自我完善、自我革新、自我提高能力显著增强，管党治党宽松软状况得到根本扭转，风清气正的党内

① 习近平：《高举中国特色社会主义伟大旗帜　为全面建设社会主义现代化国家而团结奋斗——在中国共产党第二十次全国代表大会上的报告》，人民出版社 2022 年版，第 69 页。

政治生态不断形成和发展，确保党永远不变质、不变色、不变味。因此，在新时代新征程上，要全面建设社会主义现代化国家、全面推进中华民族伟大复兴，就必须持之以恒发扬自我革命精神，永葆党的青春活力。

党的十八大以来，以习近平同志为核心的党中央身体力行、率先垂范，坚持思想建党和制度治党紧密结合，集中整饬党风，严厉惩治腐败，净化党内政治生态，重点从六个方面推进全面从严治党。一是抓思想从严。坚持用马克思主义中国化最新成果武装头脑、凝心聚魂，用理想信念和党性教育固本培元、补钙壮骨，着力教育引导全党坚定理想、坚定信念，增强中国特色社会主义道路自信、理论自信、制度自信、文化自信。二是抓管党从严。坚持和落实党的领导，引导全党增强政治意识、大局意识、核心意识、看齐意识，着力落实管党治党责任，不断增强各级党组织管党治党意识和能力。三是抓执纪从严。坚持把纪律挺在前面，严明党的政治纪律和政治规矩，坚持有令必行、有禁必止，坚决查处各种违反纪律的行为，使各项纪律规矩真正成为带电的“高压线”，用铁的纪律从严治党，保证全党团结统一、步调一致。四是抓治吏从严。坚持正确用人导向，深化干部人事制度改革，破解“四唯”难题，着力整治用人上的不正之风，优化选人用人环境。五是抓作风从严。从落实八项规定和整治“四风”入手，坚持以上率下，锲而不舍、扭住不放，着力解决许多过去被认为解决不了的问题，推动党风政风不断好转。六是抓反腐从严。坚持以零容忍态度惩治腐败，“老虎”“苍蝇”一起打，着力扎紧制度的笼子，特别是清除了周永康等一系列腐败分子，有效遏制腐败蔓延势头。

经过几年努力，全面从严治党取得显著成效，党内正气在上升，党风在好转，社会风气在上扬。这些变化，是全面深刻的变化、影响深远的变化、鼓舞人心的变化，为党和国家事业发展积聚了强大正能量。这充分表明，党中央作出全面从严治党的战略抉择是完全正确的，是深得党心民心的。习近平总书记指出："我们党为什么能够在现代中国各种政治力量的反复较量中脱颖而出？为什么能够始终走在时代前列、成为中国人民和中华民族的主心骨？根本原因在于我们党始终保持了自我革命精神，保持了承认并改正错误的勇气，一次次拿起手术刀来革除自身的病症，一次次靠自己解决了自身问题。"① 党的十八大以来，习近平总书记以卓越的政治智慧、强烈的使命担当和非凡的理论勇气，创造性地提出自我革命是跳出历史周期率的第二个答案的重大理念。从"民主新路"到"自我革命"，深化了中国共产党对长期执政规律的认识，也成为我们党跳出历史周期率、实现长期执政的政治基石。

二、"四个自我"是党的自我革命的深刻内涵

党的二十大报告提出，十年来，我们党"自我净化、自我完善、自我革新、自我提高能力显著增强，管党治党宽松软状况得到根本扭转，风清气正的党内政治生态不断形成和发展"②。以中国式现代化全面推进中华民族伟大复兴，我们要落实新时代党的建设总要求，健全全面从严治党体系，全面推进党的自我净化、自我完善、自我革新、

① 习近平：《论坚持全面深化改革》，中央文献出版社 2018 年版，第 326 页。
② 习近平：《高举中国特色社会主义伟大旗帜　为全面建设社会主义现代化国家而团结奋斗——在中国共产党第二十次全国代表大会上的报告》，人民出版社 2022 年版，第 14 页。

自我提高，使我们党坚守初心使命，始终成为中国特色社会主义事业的坚强领导核心。其实，党的十八大以来，习近平总书记对自我革命内涵的这四个方面都作了深刻的阐述，强调“四个自我”形成了依靠党自身力量发现问题、纠正偏差、推动创新、实现执政能力提升的良性循环。

第一是自我净化。就是要过滤杂质、清除毒素、割除毒瘤，教育引导全党坚定理想信念宗旨，自觉抵御各种腐朽思想侵蚀，提高政治免疫力，同时聚焦突出问题，自觉向体内病灶开刀，清除一切侵蚀党的健康肌体的病毒。党的十八大以来，我们坚持用好批评与自我批评这一锐利武器，同时坚持在党内开展集中性教育实践活动，为的是找准问题，对症下药，清扫思想灰尘，不断坚定理想信念。习近平总书记强调，要本着彻底的唯物主义精神经常检视自身、常思己过。增强自我净化能力，靠的是自我反省，在自我反省中增强政治免疫力。党员领导干部应经常剖析自己的世界观、人生观、价值观，看是否存在理想信念缺失、宗旨意识淡化等问题；时刻检查自己的思想、道德、作风是否纯洁，是否受到不良风气的浸染，是否存在软弱涣散，创造力、凝聚力、战斗力不强的问题；常常查找自身存在的不符合党和人民要求的不足，看是否有形式主义和官僚主义等问题。通过自我净化，要自觉清除思想上的灰尘杂质和心灵上的污垢，坚定理想信念，忠实践行全心全意为人民服务的根本宗旨，做到堂堂正正做人、清清白白做事、老老实实做官，保持政治坚定、作风优良、纪律严明、清正廉洁。

第二是自我完善。就是根据党面临的新的世情、新的国情、新的党情，根据时与势的变化审时度势，党根据时与势的变化、时代发展要求和变化不断完善自己，建立健全各种体制机制，尤其是不断完善各项制度，满足执政需求的各项要求。党的十八大以来，党中央着力加强各项制度建设，不断探索创新各项制度，在党的制度、党内体制机制建设方面都取得了明显成果，提升了党内各项法规制度体系的成效。依照党章党规，党员领导干部要不断加强党性修养，把党性教育作为自己的“心学”，自觉用习近平新时代中国特色社会主义思想武装头脑，着力解决好自身存在的马克思主义理论修养不足、实践锻炼不足、党性修养不足的问题，把党性要求内化为情感、意志和行动，用自己的一言一行教育、影响和带动广大群众。

第三是自我革新。就是指党员和党的组织要根据时代的发展和人民的愿望不断革除自身病灶，尤其是思想作风、组织纪律等问题，通过不断正风肃纪反腐败以保证党的肌体的健康。习近平总书记在党的群众路线教育实践活动中用“洗洗澡”来说明自我革新的问题，“洗洗澡”可以洗除健康机体上的污垢，对于全党来说，不良作风、腐败行为等就是党的健康肌体的污泥浊水，要通过自我革新的方式祛除影响党的健康肌体的各种顽瘴痼疾。共产党人要增强自我革新能力，必须用先进的理论武装自己，坚持用马克思主义，特别是用当代中国马克思主义、二十一世纪马克思主义武装头脑、指导实践。自我革新才能推陈出新，才能破除思想藩篱，深刻把握时代发展大势，创造性地抓好工作落实，才能真正做到自信自强、守正创新、勇立潮头、开辟未来。

第四是自我提高。就是通过学习不断提高自己的执政能力和领导水平，能够适应并胜任新时代的领导任务，这是自我革命的根本目的。从党的十九大报告提出全党要增强“八大本领”，到在 2020 年秋季学期中央党校（国家行政学院）中青年干部培训班开班式上对年轻干部提出“七个能力”，都体现了习近平总书记对党员干部的关心厚爱，是从根本上要求党员干部要提高本领、提升境界、增强执政能力和执政本领。增强自我提高能力，就一定要在学习上下功夫，自觉向书本学习、向实践学习、向人民群众学习，不断加强政治历练和实践淬炼，不断深化认识，切实提升能力，以学习带动提升解决实际问题能力，用更多经得起实践、历史、人民检验的成绩诠释爱党爱国爱民的情怀，真心实意为老百姓解难题、办实事彰显全心全意为人民服务的根本宗旨，在解决实际问题中砥砺初心使命。

习近平总书记指出：“前事不忘，后事之师。一个马克思主义政党对自己的错误所抱的态度，是衡量这个党是否真正履行对人民群众所负责任的一个最重要最可靠的尺度。我们党对自己包括领袖人物的失误和错误历来采取郑重的态度，一是敢于承认，二是正确分析，三是坚决纠正，从而使失误和错误连同党的成功经验一起成为宝贵的历史教材。”[①] 一个要长期执政的百年大党，就要敢于直面问题、勇于修正错误，继续发扬彻底革命精神，真枪真刀解决自身的问题，在全面从严治党的实践中，把党锻造得更加坚强有力。

三、在把握历史主动中推进自我革命走向深入

全面建设社会主义现代化国家、全面推进中华民族伟大复兴，关键在党，根本也在党。作为世界上最大的马克思主义执政党，要始终

---

① 习近平：《在纪念毛泽东同志诞辰 120 周年座谈会上的讲话》，人民出版社 2013 年版，第 12 页。

赢得人民拥护、巩固长期执政地位，必须时刻保持解决大党独有难题的清醒和坚定。为此，习近平总书记在党的二十大报告中告诫全党同志，必须牢记“全面从严治党永远在路上，党的自我革命永远在路上，决不能有松劲歇脚、疲劳厌战的情绪，必须持之以恒推进全面从严治党，深入推进新时代党的建设新的伟大工程，以党的自我革命引领社会革命”[①]。这就要求我们在新时代新征程上，在把握历史主动中发扬自我革命精神，推进自我革命走向深入。

坚持和加强党中央集中统一领导是根本。2022 年 10 月 22 日新通过的党章规定，中国共产党的领导是中国特色社会主义最本质的特征，是中国特色社会主义制度的最大优势，党是最高政治领导力量。党政军民学，东西南北中，党是领导一切的。这就意味着党的领导是全面的、系统的、整体的，必须全面、系统、整体加以落实。要健全总揽全局、协调各方的党的领导制度体系，完善党中央重大决策部署落实机制，确保全党在政治立场、政治方向、政治原则、政治道路上同党中央保持高度一致，确保党的团结统一。要完善党中央决策议事协调机构，加强党中央对重大工作的集中统一领导。加强党的政治建设，严明政治纪律和政治规矩，落实各级党委（党组）主体责任，提高各级党组织和党员干部政治判断力、政治领悟力、政治执行力。同时，要增强党内政治生活的政治性、时代性、原则性、战斗性，用好批评和自我批评武器，持续净化党内政治生态。

坚持以严的基调强化正风肃纪反腐是关键。党风问题关系执政党

① 习近平：《高举中国特色社会主义伟大旗帜　为全面建设社会主义现代化国家而团结奋斗——在中国共产党第二十次全国代表大会上的报告》，人民出版社 2022 年版，第 64 页。

的生死存亡。这就要求一以贯之弘扬党的光荣传统和优良作风，促进党员干部特别是领导干部带头深入调查研究，扑下身子干实事、谋实招、求实效。锲而不舍落实中央八项规定精神，抓住“关键少数”以上率下，持续深化纠治“四风”，重点纠治形式主义、官僚主义，坚决破除特权思想和特权行为。把握作风建设地区性、行业性、阶段性特点，抓住普遍发生、反复出现的问题深化整治，推进作风建设常态化长效化。要全面加强党的纪律建设，督促领导干部特别是高级干部严于律己、严负其责、严管所辖，对违反党纪的问题，发现一起坚决查处一起。坚持党性党风党纪一起抓，从思想上固本培元，提高党性觉悟，增强拒腐防变能力，涵养富贵不能淫、贫贱不能移、威武不能屈的浩然正气。同时，要坚决打赢反腐败斗争攻坚战持久战。坚持不敢腐、不能腐、不想腐一体推进，同时发力、同向发力、综合发力。以零容忍态度反腐惩恶，更加有力遏制增量，更加有效清除存量，坚决查处政治问题和经济问题交织的腐败，坚决防止领导干部成为利益集团和权势团体的代言人、代理人，坚决惩治群众身边的“蝇贪”，教育引导广大党员、干部增强不想腐的自觉，清清白白做人、干干净净做事，使严厉惩治、规范权力、教育引导紧密结合、协调联动，不断取得更多制度性成果和更大治理效能。

完善党的自我革命制度规范体系是保障。制度更带有根本性、全面性、稳定性和长期性。我们党始终高度重视制度建设，特别是党的十八大以来，以习近平同志为核心的党中央坚持思想建党和制度治党同向发力，依法治国与制度治党、依规治党统筹推进、一体建设，在加强党的领导、加强党的建设、推进自我革命等方面，进一步形成了一系列衔接配套、运行有效的制度体系，为各级党组织和广大党员干部提供了基本遵循。在新时代新征程上完善党的自我革命制度规范体系，就要坚持制度治党、依规治党，以党章为根本，以民主集中制为核心，完善党内法规制度体系，增强党内法规权威性和执行力，形成坚持真理、修正错误，发现问题、纠正偏差的机制。就要健全党统一领导、全面覆盖、权威高效的监督体系，完善权力监督制约机制，以党内监督为主导，促进各类监督贯通协调，让权力在阳光下运行。还要推进政治监督具体化、精准化、常态化，增强对“一把手”和领导班子监督实效。发挥政治巡视利剑作用，加强巡视整改和成果运用，更好地落实全面从严治党的政治责任。

四、以彻底的自我革命精神打赢反腐败斗争攻坚战持久战

民心是最大的政治。人民群众最痛恨腐败，不得罪成百上千的腐败分子，就要得罪14亿多人民，这是一笔再明白不过的政治账、人心向背账，必须坚持以正风肃纪反腐凝聚党心军心民心，厚植党执政的政治基础。

坚决除恶务尽，以零容忍态度反腐惩恶。习近平总书记指出：“我们这么强力反腐，对腐败采取零容忍的态度，目的是什么呢？是为了赢得党心民心。”[①]要坚持党纪国法面前没有例外，任何人不管功劳多大、地位多高，一旦触犯了党纪国法，都要依纪依法严肃查处，党内决不允许腐败分子有藏身之地。坚持有案必查、有腐必惩，坚持“老虎”“苍蝇”一起打，做到零容忍的态度不变、猛药去疴的决心不减、刮骨疗毒的勇气不泄、严厉惩处的尺度不松，发现一起查处

① 《习近平关于全面从严治党论述摘编》，中央文献出版社2016年版，第186页。

一起，发现多少查处多少，不定指标、上不封顶，凡腐必反，除恶务尽。不管腐败分子跑到天涯海角，也要把他们绳之以法，决不能让其躲进“避罪天堂”逍遥法外。要持续保持高压态势，更加有力遏制增量，更加有效清除存量，坚决惩治政治问题和经济问题交织的腐败，坚决防止领导干部成为利益集团和权势团体的代言人、代理人，坚决治理政商勾连破坏政治生态和经济发展环境问题，决不姑息。

坚决靶向治疗，紧盯腐败痼疾持续用力。习近平总书记强调，“要从源头上有效防治腐败，加强对典型案例的剖析，从中找出规律性的东西，深化腐败问题多发领域和环节的改革”[①]。党的十八大以来，反腐败斗争压倒性态势日趋形成，对夺取反腐败斗争压倒性胜利的信心和决心，我们党始终坚如磐石。但是，面对反腐败的高压态势，一些领域腐败现象仍然易发、多发、高发，一些腐败分子一意孤行，仍然没有收手、没有收敛，甚至变本加厉，其胃口之大、数额之巨、时间之长、情节之恶劣，令人触目惊心。有的地方甚至出现了“塌方式腐败”。要深化重点领域和关键环节的反腐败工作，深化整治权力集中、资金密集、资源富集领域的腐败，紧盯选人用人、审批监管、资源开发、金融信贷、大宗采购、土地出让、房产开发、工程招投标、公共财政支出等方面的顽瘴痼疾，精准用力、久久为功、善作善成，推动重点领域和关键环节反腐败斗争取得更大成效。

坚决层层设防，把权力关进制度的笼子里。从本质上看，腐败就是权力出轨、越轨、被滥用，许多腐败问题其实都与权力配置不科学、使用不规范、监督不到位紧密相关。要围绕授权、用权、制权等

① 《习近平关于全面从严治党论述摘编》，中央文献出版社 2016 年版，第 176 页。

环节，完善权力配置和运行制约机制，合理确定权力归属，划清权力边界，厘清权力清单，强化权力流程控制，压缩自由裁量空间，杜绝各种暗箱操作，把权力运行置于党组织和人民群众监督之下，最大限度减少权力寻租的空间。要抓住政策制定、决策程序、审批监管、执法司法等关键权力，严格职责权限，规范工作程序，强化权力制约，减少权力对微观经济活动的不当干预，着力减少腐败机会。要把反腐败的防线和关口前移，着力补短板、强弱项，加强日常管理监督，抓早抓小、防微杜渐、层层设防。要一体推进不敢腐、不能腐、不想腐，健全党统一领导、全面覆盖、权威高效的监督体系，完善权力监督制度和执纪执法体系，使各项监督更加规范、更加有力、更加有效。

坚决刚性执行，真正让铁规禁令发力生威。在党内政治生活中，一些党员干部发生的许多不正常现象，包括贪污腐败、奢靡享乐、脱离群众等，并不是我们党内无章可循、无法可守，也不是党所制定的党内法规制度不正确，而是这些党内法规制度在一些党组织和党员干部中没有被执行，或者被歪曲了，或者被破坏了。法规制度的生命力在于执行，没有被执行，或者没有被正确执行，法规制度就无法发挥它应有的规范引导、控制约束、警戒警告、惩罚威慑等作用。要强化制度治党、依规治党，增强全党制度意识、法规意识，增强反腐倡廉法规制度的权威性和执行力，下大气力抓落实、抓执行，坚决纠正随意变通、恶意规避、无视制度的现象，坚决杜绝做选择、搞变通、打折扣的现象，不留“暗门”、不开“天窗”，使全党自觉尊崇制度、严格执行制度、坚决维护制度，防止党内法规制度硬约束变成“橡皮筋”、“长效”变成“无效”。

一体推进不敢腐、不能腐、不想腐，三者同时发力、同向发力、综合发力。反腐败斗争关系民心这个最大的政治，是一场输不起也决不能输的重大政治斗争。2022 年 6 月 17 日，习近平总书记在中共中央政治局第四十次集体学习时强调，要加深对新形势下党风廉政建设和反腐败斗争的认识，提高一体推进不敢腐、不能腐、不想腐能力和水平，全面打赢反腐败斗争攻坚战持久战。

习近平总书记强调，“腐败是党面临的最大威胁，坚决防治腐败是党自我革命必须长期抓好的重大政治任务”[①]。腐败问题不解决，又何谈党的自我革命？只有拔烂树、挖烂疮、捉蛀虫、割除毒瘤才谈得上刮骨疗毒、壮士断腕、猛药去疴。新征程上，党的建设特别是党风廉政建设和反腐败斗争面临不少顽固性、多发性问题，铲除腐败滋生土壤任务依然艰巨，反腐败斗争还远未到大功告成的时候。只要存在腐败问题产生的土壤和条件，反腐败斗争就一刻不能停，必须永远吹冲锋号。在全面建设社会主义现代化国家新征程上，我们党要跳出治乱兴衰的历史周期率，要时刻保持解决大党独有难题的清醒和坚定，确保党永远不变质、不变色、不变味，就必须以彻底的自我革命精神坚决打赢反腐败斗争攻坚战持久战，使百年大党不断焕发出蓬勃生机，始终成为中国人民最可靠、最坚强的主心骨。

① 《习近平关于防范风险挑战、应对突发事件论述摘编》，中央文献出版社 2020 年版，第 134 页。

本章阅读材料

提高一体推进“三不腐”能力和水平 全面打赢反腐败斗争攻坚战持久战①

中共中央政治局2022年6月17日下午就一体推进不敢腐、不能腐、不想腐进行第四十次集体学习。中共中央总书记习近平在主持学习时强调，反腐败斗争关系民心这个最大的政治，是一场输不起也决不能输的重大政治斗争。要加深对新形势下党风廉政建设和反腐败斗争的认识，提高一体推进不敢腐、不能腐、不想腐能力和水平，全面打赢反腐败斗争攻坚战、持久战。

中央纪委国家监委案件监督管理室主任刘美频就这个问题进行讲解，提出了工作建议。中央政治局的同志认真听取了讲解，并进行了讨论。

习近平总书记在主持学习时发表了重要讲话。他强调，勇于自我革命是党百年奋斗培育的鲜明品格。在各个历史时期，党坚持严于管党治党。进入新时代，我们就推进反腐败斗争提出一系列新理念新思想新战略，把全面从严治党纳入“四个全面”战略布局，探索出依靠自我革命跳出历史周期率的有效途径。党通过前所未有的反腐倡廉斗争，赢得了保持同人民群众的血肉联系、人民衷心拥护的历史主动，赢得了全党高度团结统一、走在时代前列、带领人民实现中华民族伟大复兴的历史主动。

① 《习近平在中共中央政治局第四十次集体学习时强调 提高一体推进“三不腐”能力和水平 全面打赢反腐败斗争攻坚战持久战》，《人民日报》2022年6月19日。

习近平总书记指出，党的十八大以来，我们在反腐败斗争中取得了显著成效、积累了重要经验。一是构建起党全面领导的反腐败工作格局，健全了党中央统一领导、各级党委统筹指挥、纪委监委组织协调、职能部门高效协同、人民群众参与支持的反腐败工作体制机制。二是从治标入手，把治本寓于治标之中，让党员干部因敬畏而“不敢”、因制度而“不能”、因觉悟而“不想”。三是始终坚持严的主基调不动摇，以零容忍态度惩治腐败，坚决遏制增量、削减存量，严肃查处阻碍党的理论和路线方针政策贯彻执行、严重损害党的执政根基的腐败问题，坚决清除对党阳奉阴违的两面人、不收敛不收手的腐败分子，深化重点领域反腐败工作，态度不变、决心不减、尺度不松。四是扎紧防治腐败的制度笼子，形成了一整套比较完善的党内法规体系和反腐败法律体系，增强制度刚性，防止“破窗效应”，贯通执纪执法，强化综合效能，确保各项法规制度落地生根。五是构筑拒腐防变的思想堤坝，用理想信念强基固本，用党的创新理论武装全党，用优秀传统文化正心明德，补足精神之“钙”，铸牢思想之“魂”，筑牢思想道德防线。六是加强对权力运行的制约和监督，深化党的纪律检查体制改革、国家监察体制改革，实现党内监督全覆盖、对公职人员监察全覆盖，强化党的自我监督和群众监督，把发现问题、推动整改、促进改革、完善制度贯通起来，教育引导党员干部秉公用权、依法用权、廉洁用权、为民用权。

习近平总书记强调，腐败是党内各种不良因素长期积累、持续发酵的体现，反腐败就是同各种弱化党的先进性、损害党的纯洁性的病原体作斗争。这种斗争极其复杂、极其艰难，容不得丝毫退让妥协，必须始终保持正视问题的勇气和刀刃向内的坚定，坚决割除毒瘤、清除毒源、肃清流毒，以党永不变质确保红色江山永不变色。

习近平总书记指出，反腐败斗争取得压倒性胜利并全面巩固，但形势依然严峻复杂。我们对腐败的顽固性和危害性绝不能低估，必须将反腐败斗争进行到底。一体推进不敢腐、不能腐、不想腐，必须三者同时发力、同向发力、综合发力，把不敢腐的强大震慑效能、不能腐的刚性制度约束、不想腐的思想教育优势融于一体，用“全周期管理”方式，推动各项措施在政策取向上相互配合、在实施过程中相互促进、在工作成效上相得益彰。

习近平总书记强调，要加强党中央对反腐败工作的集中统一领导，发挥党的政治优势、组织优势、制度优势，压实各级党委（党组）全面从严治党主体责任特别是“一把手”第一责任人责任，贯通落实相关职能部门监管职责，健全各负其责、统一协调的管党治党责任格局。要把反腐败斗争同党的政治建设、思想建设、组织建设、作风建设、纪律建设、制度建设贯通协同起来，发挥政治监督、思想教育、组织管理、作风整治、纪律执行、制度完善在防治腐败中的重要作用，打好总体战。

习近平总书记指出，要保持零容忍的警醒、零容忍的力度，统筹推进各领域反腐败斗争，让那些反复发作的老问题逐渐减少直至不犯，让一些滋生的新问题难以蔓延，坚决把增量遏制住、把存量清除掉。要准确把握腐败阶段性特征和变化趋势，聚焦重点领域和关键环节，坚定不移“打虎”、“拍蝇”、“猎狐”，坚决清理风险隐患大的行业性、系统性腐败，有效防范化解腐败风险及关联性经济社会风险。各地区各部门要紧密结合实际，对自身政治生态状况进行深入分析，找准腐败的突出表现、重点领域、易发环节，有针对性地集中整治，全力攻坚、务求实效。

习近平总书记强调，要从源头着手，完善管权治吏的体制机制，更加常态化、长效化地防范和治理腐败问题。要着力减少腐败机会，抓住政策制定、决策程序、审批监管、执法司法等关键权力，严格职责权限，规范工作程序，强化权力制约，减少权力对微观经济活动的不当干预。要有效防止腐败滋长，把反腐败防线前移，加强日常管理监督，精准运用“四种形态”，抓早抓小、防微杜渐、层层设防。要弘扬党的光荣传统和优良作风，开展有针对性的党性教育、警示教育，用廉洁文化滋养身心，建立符合新时代新阶段要求的干部考核评价体系，注重对年轻干部的教育引导。要建立腐败预警惩治联动机制，加强对腐败手段隐形变异、翻新升级等新特征的分析研究，提高及时发现、有效处理腐败问题的能力。

习近平总书记指出，要深化党和国家监督体制改革，以党内监督为主导，促进各类监督力量整合、工作融合，强化对权力监督的全覆盖、有效性，确保权力不被滥用。要完善党内法规体系、国家法律体系，加快完善反腐败涉外法律法规。要严格执行制度，把遵规守纪内化为党员、干部的思想自觉和政治自觉。进行自我革命也要注重依靠人民，靠人民群众支持和帮助解决自身问题。

习近平总书记强调，全面从严治党、推进反腐败斗争，必须从领导干部特别是高级干部严起。职位越高、权力越大，就越要有敬畏之心、越要严于律己。领导干部特别是高级干部要管好自身，还要管好家人亲戚、管好身边人身边事、管好主管分管领域风气，在营造风清气正的政治生态、形成清清爽爽的同志关系和规规矩矩的上下级关系、坚持亲清政商关系、营造向上向善的社会环境等方面带好头、尽好责。中央政治局的同志在严于律己上必须坚持最高标准，要求全党做到的要率先做到，要求全党不做的要坚决不做。

习近平总书记指出，纪检监察机关要主动应对反腐败斗争新形势新挑战，深化对管党治党规律、反腐败斗争规律的认识，不断提高工作能力和水平，主动接受党内和社会各方面的监督，以自我革命精神坚决防止“灯下黑”。纪检监察干部要做到忠诚坚定、无私无畏，始终以党性立身，秉公执纪、谨慎用权，敢于善于斗争，真正做到让党中央放心、让人民群众满意。

第八章

作风建设永远在路上

作风建设永远在路上，是因为作风问题具有反复性和顽固性，不可能一蹴而就、毕其功于一役，更不能一阵风，刮一下就停。当前，我们正在进行具有许多新的历史特点的伟大斗争，作风建设仍然面临许多新的挑战和考验。必须清醒地看到，作风建设取得的成效只是阶段性的，坚决捍卫来之不易的作风建设成果，一刻不能松、半步不能退，需要以踏石留印、抓铁有痕的劲头，持续用力、久久为功。要发扬钉钉子精神，一锤接着一锤敲，一个节点一个节点坚守，一个问题一个问题解决，不松劲、不停步、再出发，一刻不停歇地推动作风建设向纵深发展。

第一节　对作风不纯的问题始终做到动真碰硬

“打铁必须自身硬”，习近平总书记用质朴的话语说出了党员干部队伍加强作风建设的极端重要性，同时也对广大党员干部提出了殷切的期望。能否把革命战争年代支撑着我们党在异常艰苦的环境中奋勇前进的优良精神继承下来、传承下去，成为在新时代新征程的历史条件下党员干部作风建设的试金石。

一、坚定不移把严的主基调长期坚持下去

成绩来之不易，经验弥足珍贵。在充分肯定全面从严治党取得历史性、开创性成就的同时，我们也要看到，党内存在的一些深层次问题还没有得到根本解决，一些老问题反弹回潮的因素依然存在，还出现了一些新情况新问题。如果我们让已经初步解决的问题反弹回潮、故态复发，那就会失信于民，我们党就会面临更大的危险。“事辍者无功，耕怠者无获。”全面从严治党永远在路上。不断强化对权力运行的制约和监督，确保党的路线方针政策贯彻落实，这一要求只有进行时，没有完成时。在全面从严治党这个问题上，不能有“差不多了”、该“松口气、歇歇脚”的想法，不能有打好一仗就一劳永逸的想法，不能有初见成效见好就收的想法。必须持之以恒、善作善成，把管党治党的螺丝拧得更紧，把全面从严治党的思路举措制定得更加科学、更加严密、更加有效，一以贯之坚定不移全面从严治党。

新时代新征程上，全面从严治党要突出战略重点，切实落在行动上而不是停留在口头上，才能保证全党集中统一，才能使我们党更加有力量。

作风建设不能松劲，要求真务实、清正廉洁。以优良作风全面建设社会主义现代化国家、全面推进中华民族伟大复兴，不仅要继续坚持“老虎”“苍蝇”一起打，重点查处不收敛、不收手的违法违纪问题，还要深刻把握党风廉政建设规律，从反腐败斗争基本方针和新时代全面从严治党重要方略的高度，一体推进不敢腐、不能腐、不想腐，不断巩固发展反腐败斗争压倒性胜利。

所有这一切有个前提，就是要用严明的纪律维护制度，增强纪律

约束力和制度执行力。党的十八大以来，我们已经构建起一套行之有效的权力监督制度和执纪执法体系，这是一以贯之坚定不移全面从严治党进而推进国家治理体系和治理能力现代化的重要制度保障。通过严明纪律，打通全面从严治党的“最后一公里”，让好制度更有权威，让好制度真正被执行并且执行好，新时代全面从严治党就会取得新的更大成就。

二、敢于动真碰硬是推进党的作风建设的正确准则

2020 年 1 月 8 日，习近平总书记在“不忘初心、牢记使命”主题教育总结大会上的讲话中指出，这次教育活动“真刀真枪解决了党内存在的一些突出问题，攻克了一些司空见惯的顽瘴痼疾”[①]。但他也指出了当前少数党员、干部自我革命精神淡化，安于现状、得过且过的问题。“有的检视问题能力退化，患得患失、讳疾忌医；有的批评能力弱化，明哲保身、装聋作哑；有的骄奢腐化，目中无纪甚至顶风违纪，违反党的纪律和中央八项规定精神问题屡禁不止。”[②]他指出，“古人说：‘天下之难持者莫如心，天下之易染者莫如欲。’一旦有了‘心中贼’，自我革命意志就会衰退，就会违背初心、忘记使命，就会突破纪律底线甚至违法犯罪”[③]。

“不忘初心、牢记使命”主题教育的重要经验就是动真碰硬，就是在处理和解决问题时动真格、硬碰硬。动真碰硬是顺利推进各项事

① 《习近平关于力戒形式主义官僚主义重要论述选编》，中央文献出版社 2020 年版，第 4 页。
② 《习近平关于力戒形式主义官僚主义重要论述选编》，中央文献出版社 2020 年版，第 12—13 页。
③ 《习近平关于力戒形式主义官僚主义重要论述选编》，中央文献出版社 2020 年版，第 13 页。

业的一种有效的方法，更是一种处理问题的原则。在一段时期里，党的作风建设出现过“说得凶，落实空，碰硬松”的现象，极少数党员虽然认为党的作风建设很重要，表面上也表示要重视党的作风建设，高喊“要加强党的作风建设”的口号，但在实践中却不把党的作风建设的实际行动落实，而只是开空头支票、口头说说而已。对党的作风建设的要求熟视无睹，更不能做到主动推进、主动提升。对他人作风不纯、破坏党的形象的行为也漠不关心。此外，党的作风建设的效果如何，党的作风建设实践中存在的问题有没有真正得到解决，也没有人愿意监督，更没有人关心关注。正是看到这样的情况，经过长期的实践和探索，找出了问题的症结和本质。面对党的作风建设的丰富实践，以习近平同志为核心的党中央深入思考，努力创新，形成了“动真碰硬”原则，从而使得广大党员正视党的作风建设中存在的突出问题，有效回应了全党和人民群众的呼声，促进了作风建设实践的顺利推进。实践已经证明“动真碰硬”原则是推进党的作风建设的科学有效原则，是最突出的特色。

在党的作风建设实践中，只有动真碰硬才能真正克服存在的问题，只有动真碰硬才能确保真正取得实效。关于党的作风建设，党中央指出了当前部分党员特别是党员干部在作风方面的突出问题，这些问题需要全党努力，动真格、硬碰硬才能真正解决好，否则就会死灰复燃、四处蔓延，严重影响党的先进性和纯洁性以及党在广大人民群众心目中的形象。如在作风问题上，顽疾异常坚固，在过去很长时间内，党中央和相关部门也出台了一些关于作风建设的文件和规定，但由于有的党员干部动真碰硬没有得到落实，效果并不理想，一些党员干部在作风上的坏习惯不仅没有改正，而且还在影响党的形象方面愈演愈烈，严重破坏了党的肌体。进入新时代，以习近平同志为核心的党中央率先垂范，从八项规定实施开始，在作风建设上真正做到动真碰硬，扫除了一系列的顽瘴痼疾，使中国共产党以清新的面貌展现在广大人民群众面前。再如在批评和自我批评的问题上，始终坚持“动真碰硬”原则，使得这一武器越用越灵，党内政治生活严肃认真地开展起来，党内政治生态得到净化。

实践证明，“动真碰硬”原则是推进党的作风建设的正确准则。在党的作风建设实践中，要切实遵守和加强这一准则。一是在党的作风建设的标准上动真碰硬。虽然党的作风建设是永无止境的，是随着客观环境和历史条件的变化而发展的，但在一定的历史时期，党的作风建设是有着相对稳定的标准和要求的。在党的作风建设的标准上动真碰硬主要是指在党的作风建设的要求上要坚持高标准，制定出切实反映现实需要、人民群众期盼的，又能反映先进性和体现共产党人本色的标准，而决不能丝毫降低要求和标准。二是在落实党的作风建设上动真碰硬。党的作风建设是全党的工作，党的各级组织、每位党员都有责任落实好。党组织要真正认真负责、组织开展好组织范围内党员的作风建设的讨论研究和实践活动，严格按照党中央的要求和标准落实好党的作风建设工作。每位党员都应积极主动，从各个方面改进作风，丝毫不能放松对自己的要求，把作风建设真正作为终身课题。三是要在党的作风建设的检查上动真碰硬。在检查上动真碰硬不仅包括对自身的检查，还包括人民群众对我们的检查。党的作风建设只有真正去实践，才能有提升。党的各级组织和全党同志要查找好自己在作风方面存在的问题和不足，在党的作风建设的实践中动真碰硬，切实克服不足、解决难题。只有在这些问题上有效回应了中国社会和人民群众的呼声，党的作风真正提升了、改进了，人民群众对党才能更加认同。四是在党的作风建设的奖惩上动真碰硬。对在党的作风建设问题上不重视、不主动的党组织，漠视作风、不愿参加党的作风建设，甚至党性缺失又不主动提升的党员干部，坚持“动真碰硬”原则，决不姑息，坚决给予相应的处分。

三、坚持不敢腐、不能腐、不想腐一体推进

党的二十大强调，坚持不敢腐、不能腐、不想腐一体推进，同时发力、同向发力、综合发力。坚持严厉惩治手段，持续强化不敢腐的氛围。反腐败斗争要取得最终胜利，必须树立有腐必反、有贪必肃的坚强意志，一反到底，让所有公职人员有所忌惮。要坚持“双管齐下”，在严惩受贿犯罪分子的同时，加大对行贿犯罪者的惩处力度，防止行贿者和受贿者之间形成利益同盟。深度参与反腐败国际合作和国际治理，开展重点个案攻坚，完善防逃制度机制，切断腐败分子后路，让已经潜逃的无处藏身，让企图外逃的丢掉幻想。

健全制约监督体系，扎紧不能腐的笼子。权力具有二重性，既可以用来为公众谋利益，也可以用来为自己谋私利。只有对权力加以监管，才能防止党员干部走上违法违纪道路。要以权力制约权力，督促掌握公权力的部门、组织，合理分解权力、科学配置权力、严格职责权限，完善权责清单制度，形成科学的权力结构和运行机制。要健全反腐败法规制度体系，通过改革和制度创新切断利益输送链条，进一步压缩腐败现象的生存空间。要建立健全保障制度落实的长效机制，严惩违反制度行为，防止制度被歪曲、篡改、滥用。

重视抓好思想品德教育，增强不想腐的自觉。要着力加强理想信念教育，以开展“不忘初心、牢记使命”主题教育为契机，把学习习近平新时代中国特色社会主义思想内化为坚定的政治信仰和政治信念。要着力加强法纪教育，引导党员干部坚定理想信念、严明公私界限、严格家风和家教，促使党员干部讲规矩、守纪律。要着力加强官德修养，深入挖掘中华优秀传统文化、红色革命文化、社会主义先进文化中的廉洁因素，培育党员干部的政治气节和政治风骨。

增强“三不”一体推进的系统性和协同性。一体推进是推动纪检监察工作高质量发展的思想方法和工作方法。强调“三不”一体推进，就是要把握好相互之间的内在逻辑联系，在推进“不敢腐”的时候，注重挖掘和发挥“不能腐”和“不想腐”的功能作用；在推进“不能腐”的时候，注重吸收“不敢腐”和“不想腐”的有效做法；在推进“不想腐”的时候，注重发挥“不敢腐”的威慑和“不能腐”的约束作用，增强工作的系统性整体性协同性，真正把一体推进做到实处。

第二节　进行具有许多新的历史特点的伟大斗争

习近平总书记在党的二十大报告中指出，坚持发扬斗争精神。增强全党全国各族人民的志气、骨气、底气，不信邪、不怕鬼、不怕压，知难而进、迎难而上，统筹发展和安全，全力战胜前进道路上各种困难和挑战，依靠顽强斗争打开事业发展新天地。可以说，坚持发扬斗争精神，对于团结带领全国各族人民全面建成社会主义现代化强国、实现第二个百年奋斗目标，以中国式现代化全面推进中华民族伟大复兴具有重要指导意义。

一、时代在变化，斗争精神永不变

“天下虽安，忘战必危。”经过百年的奋斗洗礼，斗争精神早已融入共产党人的血脉。早在 1962 年党的七千人大会上，毛泽东就特别强调：“从现在起，五十年内外到一百年内外，是世界上社会制度彻底变化的伟大时代，是一个翻天覆地的时代，是过去任何一个历史时代都不能比拟的。处在这样一个时代，我们必须准备进行同过去时代的斗争形式有着许多不同特点的伟大的斗争。”① 的确，我们今天正在进行具有许多新的历史特点的伟大斗争。世界正经历新一轮大发展大变革大调整，大国战略博弈全面加剧，国际体系和国际秩序深度调整，人类文明发展面临的新机遇新挑战层出不穷，不确定不稳定因素明显增多。

中华民族伟大复兴，绝不是轻轻松松、敲锣打鼓就能实现的。实现伟大梦想，必须进行伟大斗争。全党要充分认识这场伟大斗争的长期性、复杂性、艰巨性。世界百年未有之大变局给中华民族伟大复兴带来了重大机遇，也给我们迈向全面建设社会主义现代化国家新征程带来了挑战。统筹好国内国际两个大局，牢牢把握服务民族复兴、促进人类进步这条主线，有效应对各个领域内重大风险，需要保持共产党人敢于斗争的风骨、气节、操守、胆魄，需要继续发扬马克思主义的斗争精神。切实做好防范化解重大风险各项工作，既要高度警惕

① 《毛泽东文集》第 8 卷，人民出版社 1999 年版，第 302 页。

"黑天鹅"事件，也要防范"灰犀牛"事件，坚定信心，敢于担当，负起责任。世界百年未有之大变局给中华民族伟大复兴带来的重大机遇，在大变局时代将继续开拓发展新空间，进而迈向全面建设社会主义现代化国家新征程，面对党内作风不纯的情况，需要继续发扬斗争精神，进行伟大斗争。

二、实现伟大梦想，必须进行伟大斗争

"船到中流浪更急，人到半山路更陡。"新时代坚持和发展中国特色社会主义是一场伟大社会革命，我们面临的各种斗争不是短期的而是长期的。中国特色社会主义进入新时代，面对着错综复杂的形势与成千上万的困难和挑战，还有许多"娄山关""腊子口"需要征服。如在深化改革的问题上，有许多意想不到的困难和阻力。在经济社会的发展中，会发生突发事件，也会有自然灾害。在这些危急时刻，中国共产党人就要发扬斗争精神，面对危机敢于挺身而出，要敢打攻坚战、敢蹚深水区，要有"明知山有虎，偏向虎山行"的劲头。要带领人民群众战风险、渡难关，而决不能在危机面前畏首畏尾、瞻前顾后。要关键时刻豁得出来、顶得上去，而决不能茫然不知所措。要在危急情况、大灾大难、突发事件面前临危不惧、靠前指挥，而决不能躲闪回避、贻误时机，使工作陷入被动局面。要在伟大斗争中，真正成为带领人民群众战风险、渡难关的主心骨。

敢于斗争不是抽象的宣传口号，而是具体的实际行动。斗争精神、斗争本领，不是与生俱来的，要在担当作为中、在政治历练中、在实践锻炼中增强斗争本领。国内外环境都在发生极为广泛而深刻的

变化，实现第二个百年奋斗目标还会面临不少困难和问题。经过改革开放 40 多年的发展，一系列矛盾亟须有效解决，人民的期盼需要共产党人做出有效回应。不论什么样的困难和矛盾，都只是前进路上的困难和矛盾，我们完全可以采取行动进行克服。要前进，就要克服困难和矛盾，绕是绕不过去的，在新时代的伟大斗争中要不惧各种风霜、烈火考验，要以坚韧的毅力迎接重重困难和种种挑战。而克服一个困难和矛盾就会前进一步，就会登上一个新的台阶。解决一个难题就是打一场硬仗，在困难和矛盾面前，需要中国共产党人抱着迎难而上的决心，以敢啃“硬骨头”的勇气，找准“突破口”，认真去做、用心去做、努力去做，必能“逢山开路，遇水架桥”，再大的困难都会迎刃而解。中国共产党人必须经风雨、见世面、长才干、壮筋骨，保持斗争精神，决不能坐看矛盾和问题积累恶化，也不能有“等靠要”的想法，更不能推卸责任、金蝉脱壳。要从解决具体问题做起，勇当新时代的劲草真金，直面问题和矛盾，义无反顾地完成自己肩负的历史使命。

发扬斗争精神需要“面对大是大非敢于亮剑”“面对歪风邪气敢于坚决斗争”。当前意识形态领域形势总体上向好，但是随着市场经济的发展，特别是网络技术的发展，给意识形态工作带来挑战。面对这些情况，中国共产党人要不断夯实敢于斗争、善于斗争的思想根基，掌握马克思主义立场观点方法。主动投身各种斗争中去，既要敢于亮剑、敢于斗争，又要善于斗争，做“战士”不做“绅士”，坚决抵制错误思想侵蚀，在斗争中不断增强斗争本领。

三、既要敢于斗争，又要增强斗争本领

新时代是奋斗者的时代，我们面临的各种斗争不是短期的而是长期的。面对这场伟大斗争的长期性、复杂性、艰巨性，中国共产党人必须有充分清醒的认识，更要积极发扬马克思主义的指导作用和斗争精神。为了有效开展斗争，确保取得斗争的胜利，就要增强本领。习近平总书记还在斗争原则、斗争策略、斗争艺术、斗争方法上对领导干部提出了要求。我们要把习近平总书记的重要要求落实到本职岗位上、一言一行中。

首先，要夯实敢于斗争、善于斗争的思想根基。为了避免出现本领不足、本领恐慌、本领落后的情况，避免陷入少知而迷、不知而盲、无知而乱的困境，就要增强工作的科学性、预见性、主动性，就要学懂弄通做实党的创新理论，掌握马克思主义立场观点方法，使领导和决策体现时代性、把握规律性、富于创造性。

其次，要做到干中学、学中干，学以致用、用以促学、学用相长。空谈误国，实干兴邦。学习的目的全在于运用，读书是学习，实践也是学习，并且是更重要的学习。增强工作本领、提高解决实际问题的水平是领导干部加强学习的根本目的，领导干部要发扬理论联系实际的马克思主义学风，坚持在重大斗争中磨砺自己，牢记战国赵括纸上谈兵、两晋学士虚谈废务的历史教训，杜绝夸夸其谈、陷于“客里空”的情况，要在困难大、矛盾多的地方练胆魄、磨意志、长才干。

最后，必须锤炼忠诚干净担当的政治品格。当严峻形势和斗争任务摆在面前时，就是考验共产党人的关键时刻，必须深刻领悟“两个

确立”的决定性意义，增强“四个意识”、坚定“四个自信”、做到“两个维护”。要敢于发扬斗争精神、提高斗争本领，做到骨头要硬，敢于出击，敢战能胜。

总之，全党同志特别是各级领导干部要有本领不足的危机感，只有政治过硬、本领高强，我们党才能领导14亿多人口的社会主义大国。要以时不我待的精神，一刻不停增强本领，才能做到敢于斗争、善于斗争，养成优良作风，在斗争中带领中国人民取得更大的成就，中华民族伟大复兴的中国梦才能顺利实现。

新时代是奋斗者的时代，中国共产党人必须充分认识这场伟大斗争的长期性、复杂性、艰巨性，积极发扬斗争精神，坚定斗争意志、把准斗争方向、明确斗争任务、掌握斗争规律、讲求斗争方法，勇于斗争，善于斗争，坚持斗争过程和斗争实效相统一，保持一往无前的斗争姿态，始终做到“在事关中国特色社会主义前途命运的大是大非问题上坚定不移，在改革发展稳定工作中敢于碰硬，在全面从严治党上敢于动硬，在维护国家核心利益上敢于针锋相对，不在困难面前低头，不在挑战面前退缩，不拿原则做交易，不在任何压力下吞下损害中华民族根本利益的苦果”。把初心和使命落实到本职岗位上、一言一行中，不断改进作风，在进行具有许多新的历史特点的伟大斗争中取得新的胜利。

第三节　始终保持解决大党独有难题的清醒和坚定，开创党的作风建设新局面

习近平总书记在党的二十大报告中强调，全面建设社会主义现代化国家、全面推进中华民族伟大复兴，关键在党。我们党作为世界上最大的马克思主义执政党，要始终赢得人民拥护、巩固长期执政地位，必须时刻保持解决大党独有难题的清醒和坚定。在二十届中央纪委二次全会上，习近平总书记发表重要讲话强调，全面从严治党永远在路上，要时刻保持解决大党独有难题的清醒和坚定。如何始终不忘初心、牢记使命，如何始终统一思想、统一意志、统一行动，如何始终具备强大的执政能力和领导水平，如何始终保持干事创业精神状态，如何始终能够及时发现和解决自身存在的问题，如何始终保持风清气正的政治生态，都是我们这个大党必须解决的独有难题。解决这些难题，是实现新时代新征程党的使命任务必须迈过的一道坎，是全面从严治党适应新形势新要求必须啃下的“硬骨头”。作风建设是党的建设的永恒主题，在中国共产党百年的发展历程中，在领导我国革命、建设和改革取得胜利和成就的经验中，无不贯穿着加强党的作风建设的实践，都把开创党的事业与建设良好的党风紧紧地联系在一起。全面从严治党首先是全面从严治理党的作风。“推进新时代作风建设”绝非抽象的概念和空洞的口号，而应有科学合理的思路、雷厉风行的动作、有力的举措和实实在在的成效。当前和今后一个时期，切实加强党的作风建设必须紧紧围绕党的二十大作出的重大战略部署来进行。

一、围绕党同人民群众的血肉联系，增强群众观念和群众感情

习近平总书记在学习贯彻习近平新时代中国特色社会主义思想主题教育工作会议上的讲话中指出，要教育引导广大党员、干部牢固树立以人民为中心的发展思想，坚持一切为了人民、一切依靠人民，自觉问计于民、问需于民，始终同人民同呼吸、共命运、心连心，通过做大“蛋糕”不断增进民生福祉，着力解决人民群众急难愁盼问题，把惠民生、暖民心、顺民意的工作做到群众心坎上，增强人民群众获得感、幸福感、安全感。

党的作风就是党的形象，是观察党群干群关系、人心向背的晴雨表。党的作风关系人心向背，关系党的生死存亡。民心是最大的政治。加强作风建设，必须紧紧围绕保持党同人民群众的血肉联系，增强群众观念和群众感情，不断厚植党执政的群众基础。凡是群众反映强烈的问题都要严肃认真对待，凡是损害群众利益的行为都要坚决纠正。我们党的根基在人民、力量在人民。人民是历史的创造者，是决定党和国家前途命运的根本力量。人民立场是中国共产党的根本政治立场，是马克思主义政党区别于其他政党的显著标志。党与人民风雨同舟、生死与共，始终保持血肉联系，是党战胜一切困难和风险的根本保证。党的百年历史，就是同人民群众生死与共、同甘共苦的奋斗历史，是我们党密切联系群众的历史，是形成和发展、贯彻和落实党的群众路线的历史。

增强群众观念和群众感情，首先是要坚持以人民为中心的发展思想。要把人民群众的利益放在心中最高位置，心系人民群众安危冷

暖，做到“饱而知人之饥，温而知人之寒，逸而知人之劳”。“大树扎根于沃土，高楼立足于基石。”为人民服务，必须扎根于人民，从基础做起，从基层做起，认真落实好群众路线。党所做的一切工作都要从人民的愿望出发，顺应人民期盼，实现人民利益，任何损害人民利益的事情我们坚决不能做，更不能伤害与人民群众的感情，疏远与人民群众的关系。要切实增强使命感和责任感，千方百计、想方设法努力把为人民造福的事情办好办实，让人民群众生活得更加美满幸福，以此唤起各族人民对国家的自信，对民族的自信，荡起新时代浓浓的家国情怀和民族自豪感，勇毅前行向未来。增强群众观念和群众感情，要始终保持博大的爱民情怀。爱民情怀是共产党人与生俱来的政治品格。“意莫高于爱民，行莫厚于乐民。”党员干部要有爱民之心，设身处地关心群众的生产生活，让人民群众共享发展成果。党员干部要有忧民之心，要想人民之所想，急人民之所急，办人民之所需，在实践中不断提高为人民服务的本领。党员干部要共担为民之责，努力把人民群众期盼的事情抓好。民之所盼，我之所为，民之所望，我之所向，急民之所急，解民之所困，做实人民群众最关心的教育、就业、收入、社保、医疗、养老、居住、环境等重大民生大事，让人民群众满意。增强群众观念和群众感情，要认真履行为民之责。党员干部要恪守为民之责，善谋富民之策，善施利民之举，敢于担当，勇于担责，勤于工作，乐于奉献，始终做到与人民想在一起，干在一起。要坚持与人民群众一道学习和工作，充分尊重人民的首创精神，发挥好人民的主体作用，真正做到同心合力、干事创业，确保一方兴旺，确保一方昌盛。坚持把群众呼声作为第一信号，把群众需要作为第一选择，把群众利益作为第一追求，认真做好本职工作，发展好、壮大好党和人民的事业，不断推动经济社会高质量发展，努力实现好维护好发展好最广大人民的根本利益，不断提高人民群众的生活质量。

二、始终坚持以上率下的原则，率先垂范作改进作风的表率

加强作风建设，要坚持以上率下，巩固拓展落实中央八项规定精神成果，继续整治“四风”问题，坚决反对特权思想和特权现象。《周书·毕命》中说，“惟公懋德，克勤小物，弼亮四世，正色率下”。讲的就是地位越高责任越重，越要时刻正身修为，身先士卒才能带好下属。关于以上率下的重要性，孔子早在2000多年前就诠释过，“其身正，不令而行；其身不正，虽令不从”。后来，还出现了“楚王好细腰，宫中多饿死”的史鉴，东汉的班固更是在《白虎通·三教》中指出：“教者，效也，上为之，下效之。”除此之外，在兵家箴言中有“身先士卒，号令三军”，民谚中也有“上梁不正下梁歪”的说法。可见以上率下在中国是千年话题，是一种处理问题的方法，更是一种做事的原则。我们党始终强调党员干部特别是领导干部要发挥先锋模范作用，在党的作风问题上确立了以上率下原则，用以上率下这种要求、号召来克服党的作风存在的问题，通过以上率下潜移默化地感染、带动和确保广大党员自觉地改进党的作风。

实际上，领导带头、以上率下是推动各项工作扎实有效开展的重要方法。所以，习近平总书记在多个场合针对多个问题都强调用以上率下的方式来解决。尤其是党的十八大以来，党和国家凡有大的举措、大的突破，习近平总书记都会强调要从政治局做起，从领导

干部、领导班子抓起，突出抓好“关键少数”。在党的作风建设问题上，习近平总书记向全党尤其是党员领导干部提出了“以上率下”的要求，进而示范和带动“多数”和“全面”，并且在党的作风建设的实践中始终遵循这一原则，使之成为加强和改进党的作风一以贯之的主线。如关于落实八项规定，习近平总书记提出从中央做起，从中央政治局带头。以上率下，党中央率先垂范，身体力行，给全党作出了表率，上面做出好的样子，下面的广大党员干部就会看到，就会做出评价，更会模仿。在党的十八大之后的历次党员教育活动中，都可以看到以上率下的成效。再如理论学习方面，政治局坚持集体学习带动各级党组织中心组学习，作出了表率。纪律方面，更是要求以上率下严格遵守党纪法规，对违反纪律的党员干部坚决查处，查处“大老虎”的同时也拍“苍蝇”，全党的作风建设不断取得新突破、迈向新境界。以上率下原则成为党的作风建设中最鲜明、最具特色的原则之一。

以上率下原则确保了强烈的示范效应。在党的作风建设上，以上率下，顾名思义就是上级以自己在党的作风方面的模范行为作出表率，带领下级做好各项工作，不断改进党的作风。“人不率则不从，身不先则不信。”“上有所好，下必甚焉，上有所恶，下必不为。”党员领导干部身处关键岗位、关键领域、关键环节，是党的骨干力量，是党的事业的组织者、推动者和落实者，也应是党的作风建设的领导者和示范者。所以在党的作风建设上，必须坚持领导带头、以上率下，层层立标杆、作示范，充分发挥党的作风建设的示范引领作用，发挥“关键少数”的示范作用。普通党员看到领导干部树起了榜样，随之而来的是上行而下效，上率而下行，党员努力践行，自觉行动起来，主动进行作风的改进，最终提升整个党的作风。此外，以上率下还是保持马克思主义政党先进性的内在要求，党的先进性不是抽象的而是具体的，不仅要表现在理论上，还要表现在党员个体尤其是领导干部上，所以在党的作风建设的实践中，干部必须坚持以上率下、率先垂范。党的十八大以来，在党的作风建设方面，以上率下的强烈示范效应充分彰显。以习近平同志为核心的党中央从自身做起，不断提升自身作风水平，以上率下，身先士卒，以身作则，带头在党的作风建设的各个方面以向我看齐的姿态，为全党作出了表率和榜样，以自己的模范行为感染人、鼓舞人、引导人，带动着全体党员的行动，全党积极响应，跟着学、照着做，党的面貌焕然一新，形成了全党齐努力共同改进作风的良好状态和氛围，为全党带领广大人民群众干事创业奠定了基础。

以上率下是党的作风建设深入推进的重要保证。火车跑得快，全靠车头带。在党的作风建设上领导带头、以上率下，为全党作出示范、作好表率是改进全党作风的关键和前提，更是把党的作风建设更加深入推进的重要保证。以上率下、率先垂范，干在实处、走在前列，可以形成上行下效、上率下随的示范带动力，群众看党员、党员看干部，党员干部的一言一行备受关注，一举一动皆是导向，无形中营造了一种风气，引导一种方向。党员不仅要看上级怎么说，还要看其怎么做，在党的作风建设上以上率下就可以出现一级做给一级看、一级带着一级干的局面，这比任何宣言、任何命令、任何教育都有效。“少数”领导干部可以引领“最大多数”，把党的作风建设的实践不断引向深入。以上率下是对战胜困难挑战的担当和责任，领导干部不仅自己要在行为上先人一步、率先作为，提高认识，而且更重要的是要带领大家一起提高，在党的作风建设的困难和问题面前，勇于担当，带领大家一起面对，主动帮助党员改进作风，这是一种责任，是以上率下的基本要求。以上率下、率先垂范还可以形成强大推动力。领导干部在作风方面对党员还起着督促的作用，党员干部不但自己要有好作风，还要督促党员进行效仿。以上率下要求“上”先做到吃苦在前，享受在后，做到冲锋在前，敢于担当。如果“上”做得比较好，而“下”不去做，不听号召，无看齐意识的情况就会出现，这就需要“上”督促和推动“下”提升自己，提升修养，这样就会把党的作风建设的实践推向更高的境界。

三、作风建设从“小事”做起，防患于未然

党的作风建设是一个逐步积累的过程，并不能一下就达到高深的境界，需要每位党员从细小的事情做起，从量变积累到质变，最终达到可以承担使命的水平。无数的案例也证明了这一点，没有“小事”的积累，就不可能成为一个优秀的共产党人，更不能成为一个作风好的共产党人。

古人云：“千里之堤，毁于蚁穴。”如果党员干部在小事情上不作为，在解决小问题上不认真，必将拖成大的问题，甚至形成党的事业大的祸患。一个共产党员如果生活情趣不健康，在道德情操上打开了缺口，那么就会逐渐蜕化变质，很难做到清正廉洁。党的十八大以来，党中央在党的作风建设上出台了一系列的廉政新规，解决了党员干部在作风方面存在的重大问题，同时也抓住了最容易“跑冒滴漏”

的关键节点，管住了党员干部在日常工作、生活乃至节日交往的细节，全党的作风水平得到极大的提升，实现了“抓小节就是立大德”的效果。党员的作风可以通过“小事”来提升。习近平同志强调，“于细微处见精神，于细微处也见品德。小事小节是一面镜子，能够反映人品，反映作风。小事小节中有党性，有原则，有人格”[①]。很多时候，细微之处更能照见干部的精气神。在一些党员干部看来，要做的具有影响性、轰动性的大事情、大问题很多，“小事”是无关紧要的，可以放一放、缓一缓。但是，对老百姓来说，“小事”实在不小，小问题也实在不小，涉及群众的切身利益，有的甚至还是急事、难事。解决了这些影响他们的生产生活和思想情绪的小事情、小问题，群众对党员干部的看法和评价就会好转，党在群众中的地位就会进一步提高，党员干部的作风水平也就是在处理这些“小事”的过程中得到提升的。

“天下大事必作于细”，小事当慎，小节当拘。实践证明，党的作风建设从来都不是“高空作业”，需要“接地气”，需要各级党组织及每位党员在党的作风建设的实践中严格遵守从“小事”做起的原则。党员干部只有在作风建设的实践中认真抓细、抓小、常抓不懈，在工作或生活中重视小事、小节，从各个方面最基础的“小事”开始，把这些“小事”一件件叠加起来，久久为功，党的作风建设也会一步步提升，最终各个方面的能力才能得到提升，整个党的作风随着“小事”的积累也会步步提升，为人民群众服务的能力得到加强，从而有效应对了各种风险挑战和回应了人民群众的期望，提升党在群众

① 习近平:《之江新语》，浙江人民出版社 2007 年版，第 38 页。

中的威信和形象。

总之，作风建设只有进行时，没有完成时。正如习近平总书记所说："回顾党的历史，我们党总是在推动社会革命的同时，勇于推动自我革命，始终坚持真理、修正错误，敢于正视问题、克服缺点，勇于刮骨疗毒、去腐生肌。正因为我们党始终坚持这样做，才能够在危难之际绝处逢生、失误之后拨乱反正，成为永远打不倒、压不垮的马克思主义政党。"[①] 对于我们广大党员来讲，要时刻保持一份清醒冷静，始终保持一份坚忍执着，不断强化不敢腐的震慑、扎牢不能腐的笼子、增强不想腐的自觉，才能让"金色名片"永不褪色、永不蒙尘，不断创造党的作风建设的新局面。

本章阅读材料

习近平总书记谈作风建设

党的作风是党的形象，是观察党群干群关系、人心向背的晴雨表。党的作风正，人民的心气顺，党和人民就能同甘共苦。实践证明，只要真管真严、敢管敢严，党风建设就没有什么解决不了的问题。作风建设永远在路上。

——习近平：《在庆祝中国共产党成立95周年大会上的讲话》，《人民日报》2016年7月2日。

在新的历史条件下，要永葆党的马克思主义政党本色，关键还得

① 《习近平关于力戒形式主义官僚主义重要论述选编》，中央文献出版社2020年版，第12页。

靠我们党自己。在为谁执政、为谁用权、为谁谋利这个根本问题上，我们的头脑要特别清醒、立场要特别坚定。全党同志都要明大德、守公德、严私德，清清白白做人、干干净净做事，做到克己奉公、以俭修身，永葆清正廉洁的政治本色。自我革命关键要有正视问题的自觉和刀刃向内的勇气。现在，反腐败斗争取得了压倒性胜利并全面巩固，但全党同志要永葆自我革命精神，增强全面从严治党永远在路上的政治自觉，决不能滋生已经严到位的厌倦情绪。党风廉政建设和反腐败斗争永远在路上，一刻也不能放松，要以抓铁有痕、踏石留印的坚韧和执着，继续打好党风廉政建设和反腐败斗争这场攻坚战、持久战。不论谁在党纪国法上出问题，党纪国法决不饶恕。

——《习近平在省部级主要领导干部学习贯彻党的十九届六中全会精神专题研讨班开班式上发表重要讲话强调　继续把党史总结学习教育宣传引向深入　更好把握和运用党的百年奋斗历史经验》，《人民日报》2022 年 1 月 12 日。

党风问题关系执政党的生死存亡。弘扬党的光荣传统和优良作风，促进党员干部特别是领导干部带头深入调查研究，扑下身子干实事、谋实招、求实效。

——习近平：《高举中国特色社会主义伟大旗帜　为全面建设社会主义现代化国家而团结奋斗——在中国共产党第二十次全国代表大会上的报告》（2022 年 10 月 16 日），《人民日报》2022 年 10 月 26 日。

后 记

党的作风是党的性质、宗旨和世界观在党的活动中的表现。“冲锋号”就是要在党的建设中，端正广大党员干部和党的各级组织的思想作风、工作作风、领导作风、生活作风和学风、文风、会风，树立与党的性质、宗旨相适应的良好风尚。党的作风是党的形象，树立党的形象是党的建设的重要内容。立党为公、执政为民，全心全意为人民服务是中国共产党的根本立场和宗旨，执政前是这样，执政后也是这样。当前党员干部作风建设上出现问题，从根本上讲还是党所面临的客观环境、任务等和过去相比有了很大不同。本书从“两个务必”说起，着重阐述了进入新时代以来以习近平同志为核心的党中央，聚焦作风建设，坚决反对形式主义、官僚主义、享乐主义和奢靡之风的理论和实践创新。“作风建设永远在路上”，表明了作风建设任务的长期性和艰巨性，也表明了党中央抓作风建设的决心和勇气。新时代十年，在党中央下大力气改进作风、纠正“四风”的形势下，作风建设得到了加强。但是也要认识到，作风建设不会一劳永逸，也不可能一蹴而就，而是一项永远在路上的常抓不懈的重要任务，必须努力实现作风建设的制度化、规范化、常态化。因此，我们编写了这本书。

在编写过程中参考了一些文献和宣传材料，恕不一一列举，在此特表示感谢。

作者

2024 年 1 月